河出文庫

暴力の哲学

酒井隆史

河出書房新社

目次

暴力の哲学

序

しかしながら、われわれを
抑圧している者に、基礎となる
ルールを作らせてはならない。
彼らのゲームに近よるな、
彼らのルールでゲームをするな。
これは新しいゲームであり、
われわれは新しいゲームを
創ったんだということを
彼らに知らせるのだ。
そして、このルールは何かが
動いていくことを意味している。
何かが変わっていくことを。
(マルコムX)

いきなりこんなタイトルの本でありながらなんなのですが、じつのところ、暴力そして非暴力というカテゴリーを基本にすえて物事をとらえることそのものが、ある罠にはまることであるような気もしています。一見そのカテゴリーは明快であり、なにを指しているのか、そしてその善悪の価値もあきらかなようにみえるのですが、であるからこそ、わたしたちの感受性を粗雑にしてしまう危険があるようにおもうのです。

たぶん暴力／非暴力というカテゴリーは、このあまりに多様な力に充ちあふれた世界を腑分けするためにはあまりに貧しい言葉なのでしょう。たとえば、かつて日本で独特の符牒としてもちいられていた「ゲバ」——ゲバる、ゲバられる、ゲバ部隊といったふうにさまざまな活用を受けもちいられました——ですが、そのおおもとはドイツ語のGewalt（ゲヴァルト）です。有名なヴァルター・ベンヤミンのテキスト「暴力批判論」の原語タイトルはKritik der Gewalt。かつて、日本の学生運動では、国家による物理的力の行使とみずからの対抗的な実力行使を区別するために、前者に暴力、後者にゲバルトがあてがわれたこともありました。ここには、実践的に力の行使の質を腑分けしようという批判的意図がみられます。

Gewalt は英語で violence です。violence だと日本語ではたいてい「暴力」というふうに置き換えられますが、Gewalt と「暴力」を単純に等値するわけにはいきません。Gewalt は英語の violence のみならず force をもまたがった含意をもっているのです。[1] violence も Gewalt も、どちらもラテン語の vir あるいは vis を語源としています。前者は男、夫、勇士、兵士を、後者は力、武力、暴力などを意味しています。

ところが、Gewalt と violence は完全に対応しているわけではなく、矛盾すらはらむ含意をもっています。ドイツ語の Gewalt は、walten という動詞から派生しています。walten は、「支配する」とか「管理／監督する」などという意味、つまり、支配あるいは統治の維持、正当な強制といったふくみをもっています。だからドイツ語では staatliche Gewalt という使い方もされるのです。これは日本語にすれば国家権力とした方が適切でしょう。あるいは、Gewaltenteilung というと権力分立、gesetzgebende Gewalt というと立法権です。他方で、英語の violence は、violation、つまり外部からの侵害、破壊といったニュアンスを強く有しています。ラテン語の violentia からして、「乱暴」という意味があるのです。支配の維持や正当な強制力というと force がふりむけられるでしょう。英語で法執行は law enforcement、法の発効は come into force と表現されたりします。

Gewalt の多義性は、力の行使の存在するフィールドには、暴力とはっきり名指しうる物理力の運動と非暴力と呼ばれる状態のあいだに、グレーゾーンがあることを示唆しています。さらにそこに、善か悪か、良いか悪いか、正当化されるものかそうでないかという価値付与にかかわる言説上のゲームが重なっているわけです。そのフィールドでは、どのふるまいや出来事に焦点をあてるか、そしてそれをどう名指すかの攻防があります。たとえば、数年前マクドナルドの「解体」で有名になったフランスの農民たちの行動は、「非暴力直接行動」の一環として、綿密に計画された力の行使でしたが、行政当局や批判的なメディアからは少なくとも当初、「襲撃」という暴力的活動として名指され、そのようなものとして流布されました。[2]

先ほどあげた暴力とゲバルトという分節ですが、そこに、国家による力をめぐる「定義力の独占」に対抗し、国家によって条件づけられたものとは異なるゲームの場をひらこうとの試みをみることは可能です。すなわち、国家がみずからの「不正な」物理力の行使を合法性や正当性というゲームのもとで隠しているという認識を提示し、それと同時に、押しつけられた「暴力」というカテゴリーを当の国家にむけかえし、みずからの対抗的な力の行使をゲバルトと呼びなおす、言説上の戦略です。ここではあきらかに「ゲバルト」の「暴力」に収斂することのない多義性が活用されているわけです。

「暴力はいけません」というモラルなら、だれでも唱えることができるし、じっさいに、わたしたちの身のまわりにはあふれています。ブッシュ元大統領だって、核武装を唱える日本の政治家だってそういうはずです。むしろ、「暴力はいけません」といいながら、「だから暴力には暴力を」と、より大きな暴力の配備を正当化しているのがこうした人たちなのでしょう。「暴力はいけません」という言表は、決して人の暴力に対する許しがたさの感覚を養うことをねらったものではないとおもうのです。そもそもこの言表は逆説をはらんでいます。暴力はいけない、だから、暴力を憎むのだ、暴力をふるう者を憎むのだ、暴力をふるう者の抑止が必要だ、だから暴力もやむをえない――このような暴力の肯定に帰着する言表の連鎖を、「暴力はいけません」という言表はけっして排除するものではないのです。

しかもしばしば（とりわけ近年では）、「暴力をふるう者」は「暴力をふるいそうな者」へと拡がって、現実には暴力が生じていないところに暴力が生じそうだからという理由で暴力がふるわれるという奇妙な事態があらわれてくることもよくあります。極端にまでいけば、「暴力はいけません」と叫びながらふるわれる凄まじい暴力しか現実には存在しない、という倒錯した事態もありえます。つまり、このような「非暴力」のモラルは、好戦的でしばしば残忍ですらある暴力への忌避感どころか、むしろそのような暴力を許容したり促進したりする感性を濃密にはらむことさえあるのです。いま流通するようなかたちでのこのようなお説教的な言表がもくろんでいることは、むしろ、この世界に充ちているさまざまな力を感受し腑分けする能力をつぶすことにあるのではないか。そう感じることさえあります。

暴力と名指されている行為は世界にあふれています。しかしたとえば、占領地においてブルドーザーでもっていきなりパレスチナ人をひき殺す強大なイスラエル軍の暴力とパレスチナの子どもが握りしめた石をそのブルドーザーに投げつける暴力が、あるいは手榴弾を身体に巻いて警察のまえで自爆する若者の行使する暴力がおなじ力なのでしょうか？　米軍のデイジー・カッターによる破壊と、アメリカのゲットーでAK47をふりまわす黒人ギャングの暴力がおなじ力なのか？　多国籍企業が第三世界で秘密警察を使って労働組合の活動家を殺害する暴力と、ついこのあいだ名古屋でおきた詐欺めいた企業に対して爆死したひとりの労働者の暴力は、これもおなじ力なのでしょうか？　いわゆる民族紛争のなかのレイプ、先進国における幼児虐待、暴力団の抗争、いじめ、そしておびただしい自死、拷問、死刑。さまざまな文脈で、さまざまに行使される暴力があり、それはますます複雑化していくようでもあります。それらをすべて、暴力であり、だからおなじものと均してしまうには、あるいは国家によって正当化された暴力と、犯罪でしかない暴力と簡単に裁断するには、少なくともなにかためらいが残らないでしょうか。

この暴力のなかのどれかが「正しい暴力」だ、というわけではありません。たとえば「きれいな原爆」などというものがあるはずがない。ソ連は平和勢力だからその原爆は正しい、という意味です。このような発想は、そもそも暴力を腑分けしているようで、見きわめる能力の欠如があらわれています。力の腑分け、つまり批判は、「教条」によっても「常識」によってもなしえないのです。

ベンヤミンが「暴力批判論」でもくろんだ批判は、暴力を非暴力主義の観点から断罪することではない、いわばカント的な批判でした。つまりここで「批判」とは、暴力を拒絶することではありません。ドイツ語の Kritik は、語源的には krinein、つまり分離することを意味する言葉に由来しています。つまり暴力を批判するとは、（暴力の廃絶という理念に立脚しながらも）暴力（とみえるもの）そのもののなかに線をひくということなのです。

いま、わたしたちは、アメリカの軍事力をみてもわかるように、残忍さの度合いをたかめていく暴力的手段の独占のなかで、圧倒的な力の非対称のなかにいます。アメリカとそれに準ずる暴力的機構を有したアクターのあいだでひらいているし、さらにそうした暴力的機構を保持している、あるいは程度はどうあれ暴力的機構を自由に活用できるアクターと、いわゆる「民衆」のあいだの力における非対称、そして富の配分における圧倒的な非対称のまえにさらされています。

しかしそれと同時に、かつてなく「暴力はいけません」というモラルが流布しつつあるのです。テロリストの哀しみをうたう詩人も、「銃をとれ」と叫ぶ歌手ももういません。自衛隊のイラク派兵という事態に直面しても、それを糾弾するはげしいアジテーションは街頭から消えています。怒りと力を誇示するようなデモもひさしく見かけなくなりました。人はそうした「暴力的」なものにうんざりしているともまことしやかに語られる。しかしその一方で、あらゆる犯罪に対して厳罰であたるべきだ、という声が大きくなっています。死刑廃止へむけての政治の努力はほとんどないし、どれほど冤罪事件があらわれようが、死刑への反対はますます少数意見化していきつつあります。「平和主義」という理想を棄て核武装もみすえつつ軍隊を増強せよといった声も大きくなる一方です。それとともにかつての日本による植民地支配と戦争を肯定する意見もますます大手をふっている。あきらかに暴力の肯定への強度はたかまっているのです。

　これらのことは一見、背反していて無関係のようにおもわれます。しかし決してそうではない。「暴力はいけません」という漠然とした「正しい」モラルこそが、暴力の蔓延を促進させ、暴力の圧倒的な非対称性を容認させ、暴力への無感覚を肥大化させているひとつの動力なのです。

　たとえば二〇〇一年の九月一一日のいわゆる「同時多発テロ」とそのあとのアメリカによるアフガニスタンへの攻撃にさいして、この戦争に反対する立場から「テロにも戦争にも反対」という圧倒的に「正しい」スローガンが掲げられました。たしかに「テロ」は賛成、「戦争」は反対というのでもないし、「テロ」は反対、「戦争」には賛成というのでもない、暴力はやっぱりイヤだし、テロも戦争もどっちもイヤだ……でもなにかこのスローガンでは割り切れなさが残る……。

　この本は、そんな暴力と非暴力、あるいは戦争と平和ときっぱりと区分されるカテゴリーのまえで、なにか割り切れないものをかかえ逡巡している人にむけて書いたつもりです。というのもわたし自身がそうだからです。

第一部　暴力と非暴力

人類の根源的な二つの敵、憎しみと後悔（スピノザ）

第一章　暴力という問題の浮上

1　ある二つの物語

『Juice』（アーネスト・ディッカーソン監督）と『憎しみ』（マチュー・カソヴィッツ監督）という映画があります。それぞれアメリカとフランスの映画です。この二つの映画は構造がよく似ています。おそらく一九九二年公開の『Juice』を後続である『憎しみ』（九五年公開）の監督であるカソヴィッツは意識していたのではないかと推測するのですが。[1]ともかく、これらの映画は、アメリカとフランスという二つの先進国のなかでのゲットーを舞台にしていること、そこにおいて「ポッセ」とか「クルー」と呼ばれる若者の仲間の生活をえがいていること、そして銃による暴力への問いかけに支配されていること、このような大きな枠組みのレベルでの共通点をもっています。ただ、重要な違いは、このグループのエスニック構成で、『Juice』の場合、グループの四人全員がアフリカ系、『憎しみ』の場合、グループの三人はアラブ系、ユダヤ系、アフリカ系とみんなばらばらです。ここには、アメリカとフランスの文脈の差異が反映されているのかもしれません。

この二つの作品に共通する最大の特徴は、銃が欲望の対象を生産し物語をドライブするそんな主役的な位置にあることです。より詳細にみていくと、二つの作品は、偶然手に入れた銃が仲間の内部や周囲の環境との関係性を変容させていく過程がえがかれているという点で共通しています。銃を手に入れることで人格が変わり、暴力性をたかめていく人間の特徴も共通している。『Juice』では、ラッパーの（故）トゥパック演じるビショップ。『憎しみ』ではユダヤ系のヴィンス。両者とも、グループのリーダー的人間ではありません。チンピラにもなりきれない中途半端な存在で、それに対してつねにいらだちを感じています。とりわけ、ビショップは、征服すること、勝つこと、「男である」ことをつねに証明したがり、仲間にもそれを強要するマッチョな人間として描写されています。だからかれは、いつも過剰にイキがったり、背伸びをしたがっているのです。

銃を手にすることは、かれらの欲望や感情——いわばリビドーの編成——に作用して、友人どうしの関係性に変化をもたらします。『Juice』ではビショップは街を支配するという欲望をもつようになり、『憎しみ』でヴィンスはところかまわず強気にでて仲間をいざこざに巻き込んでしまいます。

とくに『Juice』において、パラノイアックな殺戮機械へと変貌し悲劇的な最期を遂げる若者（ヴィンス）を演じるトゥパックは、人格の変貌の恐ろしさをすごくよく表現していて、あとづけですが、一九九六年にギャングどうしの抗争に巻き込まれ——そういわれている——撃たれることになる、みずからの終わりの迫った人生を先どりして演じているかのようでした。

ビショップの最初の殺人は仲間と計画した小商店の強盗でした。抵抗しない店主を撃ってしまったのです。それをきっかけにして、ビショップはボスとなって街を仕切るという野望を肥大化させ、殺人を重ねるようになります。重要なことですが、最初のこの商店主の殺人の場面において、ビショップは決して「タフ」だから撃ったわけではありません。むしろまったく事態は逆であって、あまりに怯えていたからこそ店主のささいな動きにも過剰に反応し、意図に反して撃ってしまったのです。強盗のあとビショップは仲間たちに責められ、リーダー格のラヒームから銃を手渡すように迫られますが、本当の転機はじつはこのときにおとずれます。ビショップはそのとき、銃を手放しませんでした。それどころかラヒームを撃ち殺してしまうのです。この反復された殺しこそ、ビショップが変貌する真のきっかけです。それは、最初の殺しの受動性を能動性へと転換させます。この二度目の殺しによって、一度目の殺しも、臆病からではなく「男らしい」勇気からの行為であると遡及的にその意味を転換させるのです。ビショップはこのリーダーの殺害を契機に、人が変わったように支配欲に憑かれ、殺人をくり返し、仲間すらも恐怖によって支配しようとします。

銃を手放さないというこの前半の決定的場面は、ラスト近くであらわれるもうひとつの重大な場面とあざやかな対照をなしています。つまり銃を手放すという場面です。手放すのはビショップではなく、かつての仲間だったＤＪのＱです。Ｑにはビショップらほかの仲間と違った点があります。ＤＪになるという目標があるのです。しかも熱心に腕を磨いてコンテストでは優勝候補をくだすほどのひとかどの技術とセンスをもっています。もうひとりの仲間であるスティールとＱは、友情すら脅しで獲得しようとするビショップを避けはじめ、ビショップはそうした友人の離反に対し、スティールの殺害で応じようとして失敗します。いよいよ身の危険を感じたＱは、ビショップの脅しにそなえ、ひそかに銃を購入します。しかし、購入した銃をふところに抱えながら帰宅する夜道、背後から聞こえる物音に怯えるあまり、ふりむきざまに銃をむけてしまいます。ところがそこにいたのはホームレスだったのです。ここでかれは、しばし迷った末、銃を投げ捨て、素手でビショップに対応することを決意するのです。

Ｑは、このとき重大なことに気づきました。銃によって安心が確保できるどころか、むしろそれが不安を掻き立て、そのうえ、みずからの暴力性をひきずりだしてしまっていることです。セキュリティのための道具のつもりで買った銃に、じぶん自身がひきまわされている。ここでは暴力的装置と人間の関係の一般的信憑に対する疑義がひそんでいるようです。つまりここには、素朴な文民統制やその背後にある発想——武器、武力は人間の道具にすぎず、人間の理性のもとにおいて管理できるという信憑——に対する疑義をみてとることができます。暴力的装置を人間が手段として使いこなすなどという考えは幻想にすぎない。むしろいつのまにか、人間のほうが暴力的装置に使いこなされ、ふりまわされてしまっている。これが現実なのだ、そう提示しているようなのです。

銃に精神分析的な「ファルス」の機能をみてとることは、ある意味、常套句であり、それほどむずかしいことではないかもしれません。このことは、「男」であることの問題につながっています。この二つの映画では、現代のゲットーにおける暴力の線に、「男」であることの線が交錯しています。このあたり精神分析の話に深入りすると大変なことになるので、かなりおおざっぱにまとめてみます。フロイトの精神分析の根本的洞察は、人間は根源的に自分自身の欲望も知ることのない受動的存在であり、「無力」であるということです。たとえば人間は、生まれたときにはみずからの身体を統一的なものとして知覚すらできず、周囲の人間の世話なしには数年間、生存のできない存在である。この根源的な「無力」は、人間のアイデンティティがつねに危ういものであり、つねに部分的な同一化によって解消しながら生きることを人間に強います。この危うさを完全には解消できないからこそ、人は病におちいる、というか危うさの解消のひとつの形態が病なのであり、もっといえば人間の同一性《アイデンティティ》そのものが病の形態ともいえます。ファルスは、男根の象徴で、いわば「父」のポジションを男性に配分する機能です。ここでいう「父」とは、たいていの場合、「権威」などからはほど遠い実態としての存在ではなく、いわば象徴的な父です。強力で権威を有した支配的・超越的地位ととりあえずしておきましょう。ファルスはいわば象徴的な勃起したペニスであり、いつか獲得できる理想の地点として男の子がみずからのいまの無力を受け入れつつも否認することを可能にします。つまり、ボクもいまはダメだけど、いつか強くなって「男を上げる」のだ、というわけです。男性はペニスを所有しているがゆえに、去勢を受け入れつつも否認する。フロイトはこのいわゆる「エディプスの三角形」を人間の普遍的メカニズムとして描写しましたが、とりあえずここでは、特定の時代、社会的日付けをもって成立した「家父長制文化」の構成するひとつのリビドー空間あるいは言語と欲望のおりなすゲームの空間と想定してみます。というのも、この空間だけがわたしたちの生きることのできる空間ではないはずだからです。しかし、このエディプス的ないし「ホモ恐怖《フォビア》」的空間は、日本でも「父性の復権」の議論が受け入れられる土壌が根強いように、人間のいとなみには選択肢はほかにないという幻想によって人を捕獲していくのです。

この空間に足をふみこむならば、去勢による「女性化」あるいは「同性愛者化」は「負け」なのであり、否定すべき事態になる。男性がとりわけ女性になかなか負けられず支配的にふるまいたがるのは、この去勢の否認のひとつの表現になります。「男らしさ」の自明性とそれによる強迫は、男性がもはや自動的に「男」というポジションに立てられることのない現代において、ますます深刻な病をもたらしているようにおもわれますし、その病はさまざまなかたちをとって表現されているようにもおもわれます。暴力もそのひとつです。それへの固執が昂じるならば、あるいは「こじれる」ならば、他者への激しい支配欲や暴力になってあらわれるでしょう。しかも、みずからの現状が無力であって、その現状に対する否認の強度がたかいほど、不安は促進され、神経症的な「男らしさ」への強迫へとみずから追いこまれていくのです。ヴィンス、とくにビショップは、保持した銃によって、かつての仲間への妄想的な不信を掻き立てられ、それに並行して、暴力による支配への欲求も果てしなくたかめられていきます。

この二つの映画に登場するのは、どちらも現実には「無力」な「男の子」たちです。その「無力」は、エディプス空間とはべつの空間に足をふみこめば、むしろ「力」として肯定されるかもしれない(たとえば、のび太の能力はジャイアンの支配する空間ではほぼ「無」ですが、しずかちゃんたちとの空間においてならば、そのあやとりの巧みさが能力として存在しはじめるのです)。しかし、とりわけ『Juice』の文脈を形成しているアメリカ合衆国全体のマチズモ文化はそれを許しません。一九八〇年代ごろからさらなる上昇をみせたアメリカの若い黒人男性による暴力――重要なことですが、それはたいがいみずからの同胞にむけられます――、そしてその状況のなかでのヒップホップのマチズモをめぐる問題は、批評家や研究者、ミュージシャン自身によってさかんに論じられてきた争点ですが、ひとつよくいわれるのは、これは若い黒人男性の問題というより、国内の暴力から戦争にいたるまでアメリカ全体に浸透した「病的」なまでのマチズモ文化の反映だ、ということです。

ところで、ビショップに対抗するQは、この暴力による自滅を促進してしまうエディプス的ゲームとはべつのゲームがあることをほのめかす存在です。銃を放棄したときQは、べつのルールによるべつのゲームへと移行しようとしているのです。しかし、重要なことは、銃を捨てたQの模索において、たたかいが放棄されたわけでも暴力がまったく消えてしまったわけではないということです。素手でたたかいにのぞみ、その結果、意図しない事態とはいえ、ビショップはビルから墜落して死んでしまうのですから。問題は、この「暴君」を打倒したQが、そのあと、どうするのかということです。“you got the juice now man”（おまえがあたらしいボスだ）、こう見物人のひとりがQにささやきます。王位はおまえに委譲された、というわけです。しかし、かれは、その言葉に応じることはなく、暗い表情で首をふって去っていく。ここで映画は終わるのです。このあとの行く末はいまだふくみを残しているとはいえ、少なくとも映画では、みずからが打倒したボスの座につくことをQは拒絶するのです。このQの物理的力の行使をなんと呼べばいいのでしょうか？　ボスの座をねらったものではない、ということは現状の力関係の状態・支配の状態を否認する、あるいは、そこまでいかなくても、忌避することで肯定することをしない、しかも素手で行使される力。あとでまたふれますが、ここで、非暴力とは区別され、なおかつ暴力に対して暴力をという「対抗暴力（counter-violence）」とも異なる、「反暴力（anti-violence）」という言葉を使いたくなるのです。『憎しみ』でも、暴力の行使をめぐる転換点があります。ヴィンスがスキンヘッドの若者を殺そうとする、映画のなかでもっとも緊張感のたかまる場面です。ボクサーであるユベールは、グループ内でいちばん冷静な存在なのですが、この場面においても、とっさの機転で巧みに誘導してその暴力衝動をやわらげます。殺すな、というのではありません。むしろ「やっちまえ」と行動をやたらに焚きつけることによってです。ヴィンスはそれによって意気阻喪し、手にした銃をふところにおさめるのです。

　ユベールはここでなにをしたのでしょうか。ユベールは、この場面を極度に緊迫したものに追い込んでいるヴィンスの暴力衝動が、他者、とくに仲間へのみずからの「強さ」の誇示《アピール》によって促進されていることを知っていたのです。よくコメディ映画でそういうシーンがありませんか？　町でチンピラにからまれて、つれていた彼女のまえではイキがったものの、彼女のみえない路地にまでチンピラをひっぱりだすと、そこで態度を一変、土下座してあり金ぜんぶをさしだすというようなシチュエーションです。このシチュエーションは、他者のまなざしの介入が重大な意味をもつマチズモの心理的機制をよく了解したうえで利用しているわけです。他者のまなざしによって、ふりあげたこぶしをおさめられず、取り返しのつかないことになるという経験なら多くの人におぼえがあるはずです。そこでは「メンツ」なるものが介入してしまっているのです。男性の場合「ここでひいたら男がすたる」という言い回しもあります。ユベールが先走って熱くなればなるほど、ヴィンスはイキがる必要性がなくなります。だれもその暴力にさして畏れを抱かないだろうからです。ユベールはボクサーです。ということは、ある意味で、暴力のエキスパートであるわけで、おそらくそれゆえに暴力の発動する仕組みを仲間内のだれよりも熟知していたわけです。

二つの物語から読みとれることは、この両者ともに、単純に道徳的に暴力を拒絶しているのではないということです。むしろ暴力にぎりぎりまで内在して、その内側から暴力の経済をつかみ、そのうえで暴力的な状況をなんとか乗り越えようとしているのです。もちろん、ここにどうしてもマッチョなものの残滓をかぎとる人もいるでしょう。これらはあまりに「男の子たち」のストーリーだからです。おそらくこのストーリーの裏には、みえない女性たちへの暴力が隠されている。しかし、もちろんウージーガンもAK47も、あるいはドスもみたこともさわったこともないにしても、少なくとも、おそらくじぶん自身もからめとられている——骨がらみかもしれない——この論理からしか、わたしは考えることができないのです。

2　暴力のあたらしいパラダイム？

『Juice』では暗黙の背景にしりぞいているけれども、『憎しみ』では浮き彫りにされている要素があります。それは、このグループやゲットー住民の内向した暴力を、さらに外からとり囲む暴力の存在です。『憎しみ』では、仲間とかれらを囲む環境とのあいだの暴力に焦点があてられているのです。

この物語は、パリ郊外の移民街に住む、三人の若者のたった一日の出来事をえがいたものです。はじまりは警官による住民の若者の殺害が触発した暴動のシーン。一九九〇年代のフランスでは、警察による暴力をきっかけにした暴動が幾度か起きています。その文脈には移民の増大と、国民戦線のような極右勢力の台頭に象徴される排外主義的雰囲気があります。したがってまずこの物語を起動させるのは警察による暴力です。この暴動の混乱のさい、取締りにあたった警官が拳銃を落としてしまう。それをヴィンスが拾い、こっそりと隠していることから、かれらの一日はおもわぬ展開をみせはじめるわけです。ただし、その一日は拳銃をヴィンスが所持しているということをのぞけば、いつもと変わらない平凡なもののようにみえます。かれらはちょっとした借金の返済を求めるためにパリにでかけます。すると、たった数時間のあいだに、たちまちパリの自警団による監禁拘束と人種差別集団であるスキンヘッドによる暴力が襲いかかります。しかしいつもと違うのは、ヴィンスが銃を所持していることです。ヴィンスは銃をもっていることで気が大きくなり、襲いかかる暴力に対しても強気にでてしまい、その都度、状況をより緊張したものにするのです。

いま暴力という問題があらためて浮上しているといえるとしたら、その状況の輪郭はこうしたゲットーと呼ばれる地域に集約されています。近年、『シティ・オブ・ゴッド』(フェルナンド・メイレレス監督)というブラジル映画が話題になりました。「神の国」――皮肉なことに――と呼ばれている実在のリオデジャネイロのゲットーを舞台に、一九六〇年代から八〇年代にわたる実話をもとにしたおそるべき暴力のクロニクルです。

アメリカの「フッド・フィルム」ですら、まったく「紳士的」にみえるような、まだそれらが保持している内省的契機をいっさい省略した凄まじい物語です。なにしろ「神の国」では暴力の主体がぐっと低年齢化し、子どもたちがたとえば「気にくわない」というようなちょっとしたことを理由にかんたんに人を殺しまくるのですから。そこでは暴力は、道具的手段性の過剰というだけでなく、この手段としての意味からも過剰にあふれだしています。暴力から意味が完全に脱落しているのです。

　このようなゲットーにおける暴力を主題にした物語の増殖と暴力描写のエスカレートの裏には、現在のゲットーの状況の変容があり、さらにその条件には資本主義の変容、つまりネオリベラルなグローバリゼーションがあります。そのもとでゲットー自体の性格の変化とその住民の経験の変容がみられるのです。アメリカとフランスのゲットーの比較研究をおこなっているロイック・ワカントによれば、フォーディズムの時代の安価な労働力のプールとして機能したゲットーは、ポストフォーディズムの時代になって、製造業、重化学工業からサーヴィス、情報産業へと基幹産業が移転するにつれ、「職なしゲットー」と化し、そのコミュニティ機能も希薄化し、はてしなく空洞化がすすんでいます。そのなかから、もはや産業予備軍ですらない、そもそも搾取すらもされない「廃棄可能な（disposable）人間たち」が大量に生産されている。[1] かつてであれば、「ルンペン・プロレタリアート」いまでは「アンダークラス」と呼ばれているような層です。二つの映画はその「アンダークラス」の若者をめぐる暴力の物語でもあります。

じっさいに、国連の調査によると『シティ・オブ・ゴッド』のブラジルでは、一九九〇年代には数百万単位で子どもがストリート・チルドレン化していて、それに対し、警察や商店街の自警団が動物を相手にするように追い立て、殺しまわっているといわれます。また、ブラジルにかぎらず、南米では「役にたたない人間の屑」を指すあたらしい言葉が生まれ、このカテゴリーに属するストリート・チルドレン、薬物中毒者、娼婦などが準警察組織によって日々虐殺されているともいわれています。

このような現代の条件のもとにおける暴力を、ジョナサン・フリードマンにならって、二重の分極化が生みだす二種類の潜在的暴力と要約してみましょう。[2] すなわち、（1）いわば水平的な分断化の暴力。そして（2）垂直的に分極化が生みだす暴力。水平的な分断化とは、冷戦以後にユーゴ、ソマリア、ルワンダなどで生じた、東西対立と国民国家の衰退によるローカルな民族紛争の噴出、とされているような事例がもっともわかりやすいし、『Juice』でいえばアフリカ系アメリカ人である主人公のグループとプエルトリコ系のグループの対立、『憎しみ』でいえば、移民の主人公グループと白人スキンヘッドの対立、あるいはドメスティック・ヴァイオレンスもそれにはいるかもしれません。垂直の分極化とは、グローバリゼーション、あるいは国内的にはネオリベラリズム政策の帰結としての、貧富の格差の拡大、社会学的にいう下方移動（downward mobility）と上方移動（upward mobility）、この階級間の分極がもたらす暴力。しかしこの二種類の暴力をきれいに区分してしまうのはむずかしいし危ういようにおもいます。まず階級と民族ないし人種という複数の要素は、たいていの場合、重層決定しているということもあります。また、いわゆる民族紛争や宗教戦争とされるものの背景にはこの垂直の分極化が引き金になっていることもよくみられるし、あるいは、むしろその次元の問題——資本主義ないし階級が要因となっている問題——を隠蔽するためにこそ、民族紛争や宗教戦争の契機が強調されることも往々にしてあるからです。なので、まず手はじめには、こうとらえるべきだとおもいます。垂直の分極化によって生みだされる距離からくる無力が水平の暴力に内向するという動き、これが現代の暴力に大きな線として貫通している、と。

典型的な事例としてインドをみてみましょう。一九九〇年代、グローバリゼーションの波に乗ろうと自由化政策をすすめた結果、ＧＤＰは成長し、中産階級は急速に膨張しました。しかし、統合の恩恵に浴すことのできる人口は二億ほど、残りの八億は排除されたのです。資本はこの二億のみを相手にして循環します。そしてこの二億を基盤にあらたなヒンドゥ・ナショナリズムが台頭する一方、国家の補助を打ち切られ、外国農産物に圧迫され、あてがわれた農薬によって土地の砂漠化がすすみ、大きな打撃を受けた農民には絶望からの自殺が蔓延します。そしてこの排除された層を基盤にヒンドゥ原理主義が台頭し、それがまた女性に対する暴力の激化をもたらしているのです。

こんな状況を文脈として、暴力の数的上昇のみならず、暴力のもつ位置の変化がみられます。それをひとことでとりあえず、くり返しになりますが「暴力からの意味の剝奪」とまとめておきましょう。フランスの社会学者のミシェル・ヴィヴィオルカは、「暴力のあたらしいパラダイム」が台頭していると指摘していますが、これは、暴力から（支配的・法的であれ革命的・自然法的であれ、なにがしかの正当性を備給されているという意味での）意味が失われていくという問題と関連しています。さらに、暴力から意味が失われるということは、〈政治的なもの〉が衰退していくことと関係しています。政治的暴力とは、一九七〇年代にはいまだよくみることができました。たとえば、いわゆる「極左」のテロリズムは、革命を通して国家権力を奪取するという目標をもっていましたし、民族解放闘争は、外国の支配からみずからの民族＝国民を解放してあたらしい国家を樹立するという目標をもっていました。そのことによって、それらの暴力は政治的な意味を与えられていたのです。

もちろん、現在もそのような政治的意味を帯びた暴力は存在します。しかし、この政治的次元を上と下からすりぬける、暴力のあたらしい趨勢が目立ってきているのがいまの特徴でもあるのです。たとえば、エンツェンスベルガーの『冷戦から内戦へ』という本は、すべて賛成というわけではないのですが、少なくともそうした現代の支配的な知覚をうまく示してくれています。

六〇年代と七〇年代のゲリラ戦士やテロリストはまだ、自身を正当化する必要を感じていた。ビラや宣言文で、ペダンティックな理論書や官僚主義的な定式を並べた自白の文章で、かれらは自分らがおこなったことにたいして、イデオロギー的な根拠づけをしていた。ところがこんにちの行為者には、そんなことは無用と思えている。いっさいの信念を欠いていることが、こんにちの行為者の特徴となっている。／いまラテンアメリカの内戦の戦闘員たちにとっては、農民の解放が目的だといいながらも、農民を虐殺することは屁でもない。麻薬商売の富豪や秘密警察と手を結ぶことも、連中は平気でやってのける。アイルランドのテロリストは、老人を生きた爆弾として利用することをも、乳母車を爆破することをも辞さない。こんにちの内戦参加者は、好んで女や子どもを犠牲にする。病院内の患者たちを虐殺したことを自慢するのは、セルビアのナショナリストに限られたことではない。いたるところで、無防備のひとたちがまっさきに抹殺されている。自動拳銃を持たずにいるたぐいのひとは、虫けらと見なされるのだ。[3]

ヴィヴィオルカによる「暴力のあたらしいパラダイム」における暴力の特徴は次の二つです。[4]

（1）インフラポリティカル（政治以下的 infrapolitical）な暴力

これはある意味で、暴力のグローバリゼーション、暴力の民営化、あるいは私営化です。このポイントは、先に掲げたエンツェンスベルガーの議論と重なりあいます。典型的な形象として、ヴィヴィオルカはコロンビアのゲリラをあげています。たとえばコロンビアでの組織的アクター——マフィア、ゲリラ、極右準軍組織、治安部隊、警察などが複雑に入り組んでいます——の暴力は、イデオロギー的対立というよりも縄張りや〝あがり〟の多い経済活動の食いあいからくるものであるとされています。九〇年代のゲリラは、生産もふくむ市場経済に基盤をおく傾向がある、と。コロンビア革命軍（FARC）は、「マルコゲリージャ（麻薬取引に絡むゲリラ）」と呼ばれていますが、すでに八〇年代にコカインの栽培と取引に関与をはじめています。その過程で、この左翼ゲリラ組織がマフィアと組んだりするという事態もみられるようになります。またたとえばブラジルでは、七〇年代までには政治的な目標に限定されていた誘拐が、いまではもっぱら商業的な活動になっているといわれます。

ところで、この趨勢がよりはっきりしてきたのは、冷戦以後です。たとえば一九八〇年代にイラン・コントラ事件といわれる出来事がありました。当時の米レーガン政権は、イランへの武器輸出からえられたカネで、ニカラグアのコントラという右翼テロ集団に資金援助をしていたのです。ところが、冷戦が終わって、東西両陣営からの資金援助などがストップする。そうするとかれらは、みずから経済的基盤を確保しなければ紛争を維持することができなくなったのです。

これらのなんらかのかたちで暴力にたずさわる多くの人間にとって、暴力とは、それを介して権力を獲得するための道具でも、それを介して政治システムに進出していくための道具でもありません。そこでの主要な関心は、むしろ、みずからの非合法な経済活動、たとえば麻薬取引、盗品取引、あるいは人間の取引を保護し、維持するために、国家と距離をとることにあるのです。

このような状況には、あとで述べる六〇年代のアメリカ合衆国におけるブラック・パンサー党のとった軌道を逆むきにたどっているという側面があるようにおもわれます。アメリカの黒人ゲットーを国内植民地とみなし、ギャング、ハスラーらもふくむ「ルンペン・プロレタリアート」を革命の担い手の一列として政治化させるという路線です。つまりここにみられるのは非政治的アクターの政治化ですが、とすれば、いま生じているのは政治的アクターの非政治化あるいは脱政治化とみなしうるのです。

ただ、これまでの事例はいわば経済活動にまつわる道具的な暴力ですが、「理由なき連続殺人」のような、それ自体が根をもたない暴力もこの政治以下的暴力に分類されます。そして、そこに、おそらく先ほどふれた「過剰人口」の殺害もつけ加えていいとおもいます。わたしはここで、さらに拡張して、自殺をもふくめたい。先ほどのインドの例もそうですが、いま日本でもっとも切実な暴力の問題のひとつは、あきらかに、暴力の内向する運動の極限形態である自殺です。

(2)　メタポリティカル（政治上位的 metapolitical）な暴力

ここでは意味の剝離というよりも、むしろ意味の過剰があるというべきでしょうか。交渉不可能なもの、宗教的、イデオロギー的、倫理的に、絶対にゆずりえない価値のもとに行使されていく暴力。それは限界を知らず、標的にする争点もアクターにとってあまりに切実なために、政治を宗教的価値のような上位の価値の設定によって超えていく暴力です。この暴力は、それ自体、かならずしも非政治的なものではありません。しかし、ここで政治的な争点は、文化や宗教、つまり神や民族の観点から規定された、いかなる妥協もみとめない政治以外の争点にむすびついているか、あるいは従属しているのです。こうした暴力の典型的なものとしていわゆる「原理主義的」宗派による「テロリズム」が想起されるでしょう。

ここでつけ加えておきたいことは、「原理主義」のような政治上位的暴力と政治以下的暴力とは、政治的なものの次元をすり抜けるという点で共通しているものの、ネオリベラリズムの支配下において現実に融合しているのではないか、という推測です。そのシーンをわたしたちはブッシュ・ジュニアにみることができないでしょうか。イラク戦争は予想通り大量破壊兵器も発見されず、まったく「大義」を欠いたものでありました。にもかかわらず、復興事業におけるブッシュ政権に関連する人物のアメリカ企業の採用にみられるように、程度はどうあれ背後に「縁故資本主義」の利権があることをかれらは隠そうとしません。しかもブッシュは恥ずかしげもなく、キリスト教原理主義的な色彩の濃厚な絶対的正義を語りつづけています。「戦争はべつの手段をもってする政治の延長である」という、プロイセンの軍事理論家クラウゼヴィッツのテーゼも、政治なきいまではまったく用なしです。「絶対悪」との妥協なき「聖戦」という仮借なき政治上位的論理が、エリートたちの私的利権である政治下位的論理を押し通すわけなのです。つきつめれば利益のまえには人間や世界の破壊さえ辞さない根本的に「アンモラル」な利益至上主義が、政治なき（アルカイックですらある）道徳によって、まったく手つかずのまま正当化されているわけです。

いずれにしても、イラク戦争は、暴力（たとえば戦争）が不可避ならば、わずかばかりでも与えようとされた知性が失われつつある事態をはっきりと示しました。仮借なきアンモラルと原理主義的正義という乖離するはずの二つの要素を同時に受け入れることのできる精神的基盤は、シニシズムであるようにおもわれます。もしかすると、この現象は、政治的なものの消失の果ての、原理主義的信仰と資本主義的／消費主義的猥雑さの相互浸透を予見しているのかもしれません。

第二章　暴力と非暴力

1　マーティン・ルーサー・キング——非暴力と敵対性

暴力のあたらしいパラダイムという話をしました。ところで、先ほども述べたように暴力の問題化のやり方はさまざまなれど、もっとも暴力が知的・実践的に真剣に問われた時代、これが一九六〇年代、そしてぎりぎり七〇年代の前半だろうとおもいます。この時代はいわば暴力が政治性を必然的に帯びていた時代でもあるし、ということは暴力がなにがしかの意味を担えた時代でもあります。あるいは、逆にいえば、暴力に意味を、政治性を、与えようという努力がなされた時代でもあるといえるとおもいます。こうした政治的アリーナ自体が、八〇年代以降縮小していくわけです。ここでは、この努力のなかでいったいなにが問われていたのか、その問いの磁場へと足をむけてみましょう。

まずそのなかでももっとも有名な人、マーティン・ルーサー・キング、キング牧師（一九二九—六八）をとりあげてみたいとおもいます。キングはいわゆる公民権運動の指導者のひとりであり、マハトマ・ガンディーらに影響を受けつつ非暴力直接行動を提唱した実践家として有名です。よく知られていることですが、アラバマ州モントゴメリーというアメリカ南部の人種差別のきわめて激しかった地域の教会でバプテスト派の牧師として活動していた若きキングは、この地でわき起こったバスでの人種隔離への抵抗運動[1]のなかで運動の牽引役となり、その後、アメリカ合衆国南部中で大きなうねりとなる、一九世紀の終わりからつづく人種隔離政策に抵抗する運動を促進させ、数々の成果をあげました。

しかし、その非暴力についての思想はとりわけ日本においては、それほど知られているとはおもえません。

たとえばキングに即するならば、あるいはガンディーに即するならば、非暴力直接行動がそれ自体「ピースフル」なものであるとするイメージはまったくのあやまりです。日本でイラク反戦のデモのさいにしばしば見受けられた、たとえば非暴力であれば、デモ中にいやがらせをする警察とも仲良くしなければならないというような、緊張を忌避することがなにか運動の発展に意味があるというような発想はキングともガンディーともまったく無縁です。キングは非暴力直接行動を、ただ「平和」的であるような手段とは決してみなしてはいませんでした。ここには戦術のみならず、平和そのものについての考え方の根本的な違いすらひそんでいるようにおもいます。つまり、平和とはたんに「波風の立たない」状態なのか、それともダイナミックな抗争状態さえはらんだ、絶えざる力の行使によって維持、拡大、深化されるべき力に充ちた状態なのか。つまり、たんに「平和」を乞い願うだけなのか、それとも「平和にパワーを」（ＥＣＤ）というスローガンでいくのか？ 次の引用は、キングのなかでもっとも重要なテキストからのものです。

「なぜ直接行動を、なぜ坐り込み《シットイン》やデモ行進などを。交渉というもっと良い手段があるではないか」と、あなたがたが問われるのはもっともです。話し合いを要求されるという点では、あなたがたはまったく正しいのです。実に、話し合いこそが直接行動の目的とするところなのです。非暴力直接行動のねらいは、話し合いを絶えず拒んできた地域社会に、どうでも争点と対決せざるをえないような危機感と緊張をつくりだそうとするものです。それは、もはや無視できないように、争点を劇的に盛り上げようというものです。緊張をつくりだすのが非暴力的抵抗者の仕事の一部だといいましたが、これは、かなりショッキングに伝わるかもしれません。しかし、なにを隠しましょう、わたしは、この「緊張（tension）」ということばを怖れるものではないのです。わたしは、これまで暴力的緊張には真剣に反対してきました。しかし、ある種の建設的な非暴力的緊張は、事態の進展に必要とされています。[2]

キングのこの言葉を理解するためには、「敵対性（antagonism）」と暴力とをひとまず区別しなければなりません。あるいは敵対性を戦闘性（militancy）などという言葉におきかえてもいいのですが。現在、敵対性それ自体が暴力と等しいものであるようにみなされる傾向があるようにおもいます。なにかいまあるシステムに対して「波風をたてる」こと自体が、ほとんど犯罪のようにみなされ、ときに「テロ」とすらみなされる傾向です。この傾向は「テロとの戦争」とも決して無縁ではありません。とすれば、いまここで戦争に反対するのならば、こうした傾向そのものも打破していかねばならないということにならないでしょうか。

葛藤や紛争それ自体を、社会のなかにくり込んで発展してきたのが近代社会の展開だとすると、いまこの状況が大きく変化しつつあることを「テロとの戦争」からはみてとれます。いわゆる「市民社会の衰退」、「媒介の場の消滅」といわれるような状況です。このような状況がとくに深化しているがゆえに、少なくとも他の先進国以上に日本では葛藤や摩擦そのものが暴力的なものとみなされる傾向が強まっているといえるでしょう。

キングのこの「バーミングハムの獄中からの手紙」と題されたテキストは、非暴力直接行動のための基本テキストのひとつです。ここでキングは、非暴力直接行動を、潜在的に潜伏させられている敵対性を暴露する、あるいは敵対性を構築する手段として考えています。もちろん「汝の敵を愛せよ」のキングにとっては、敵対性を構築し、敵を認識することと、その敵を愛することとは矛盾しないのですが。それはともかく、ここで定義された非暴力直接行動はすぐれて「政治的」な行為なのです。ここでいう〈政治的なもの〉とは、あとでもっと詳しく述べますが、おおよそこの敵対性のことです。キングは、みずから指導的立場にあった公民権運動が、やがてその白人との統合主義の理念や非暴力という闘争手段に対する黒人たちの内部からの批判にさらされ、公民権からブラック・パワーへと、地理的には南部地域から北部都市へと闘争が発展・深化していくなかで、苦しむことになります。キングは、そのプロセスのなかでじぶん自身の影響力の低下を深刻に受けとめるのです。しかし、マルコムXや、キングよりはマルコムXからより強く影響を受けたといえるブラック・パワーが台頭する以前も以後も、キングは、一貫してFBIのフーバー長官に敵視され、盗聴やいやがらせをくり返されていました。キングは多くの公民権運動の指導者や公民権運動を支持していた「リベラル」たちの批判や忠告をふりきって、ベトナム戦争への反対の立場をあきらかにし、国内の人種差別とアメリカ合衆国の帝国主義的な対外政策に共通の構造、すなわち、アメリカ合衆国の資本主義体制のあり方そのものをみいだします。キングは、アメリカの人種差別を真に解決するためにひかれるべき敵対性の線を、階級のあいだにもみいだし、いわば階級闘争の方にむかってどんどんシフトしていくわけです。一九六八年の暗殺前の数ヶ月間、キングはこのみずからの分析を実践的に推し進めるべく、「貧者のキャンペーン」を組織化しようと奔走します。そのような動きのなかでキングは殺害されてしまうのです。この暗殺はその後の捜査（実行犯とみなされた人物は現在でも無実を訴えています）のおかしさもふくめ不可解な点が多く、いまでは政府が関与していたという証拠がかなりあがっています。

とはいえ、そのようにアメリカ合衆国のダークな最深部へとむかう以前から、つまり、その活動の初期から、キングはすでに「危険人物」でした。かれは、モントゴメリーでのバス・ボイコット運動の成功以来、南部の各地をまわって、黒人たちの闘争の組織を手助けしたり、促進したりする行動を精力的におこないます。この手紙が書かれたアラバマ州バーミングハムもそのひとつです。キングは、いわば「火のないところに煙をたて」、つくらなくてもよいところに敵対性を構築してまわる「よそものの扇動者《アジテーター》（outside agitator）」とみなされ、激しい攻撃を受けつづけます。

この手紙でキングは、おまえは「過激主義者（extremist）」であるという、白人牧師や「リベラル」によるレッテル貼りに対して、じぶんは「過激ではない」――イヤなものをイヤというにも、お上《かみ》や世間への「申し開き」から入るというのはいかにも現代日本的なものですが――と応じるのではなく、そもそもイエスも、パウロも、ルターも、リンカーンも、ジェファーソンもその時代においては「過激主義者」だったではないかとして、こう述べます。「問題は、われわれが過激主義者かどうかではなく、どういう種類の過激主義者になるかということです」（強調引用者）。つまり、敵対性や対立を激化させることそれ自体はうたがうべくもない前提であって、どのような敵対性をどのように激化させるのか、それが問われるべきだ、というのです。このバーミングハム刑務所からの手紙は、キングのもっとも政治的なテキストのひとつだとおもいます。ここでは非暴力直接行動は政治的な次元に焦点化されています。とりわけこの政治的次元を忌避する傾向がきわめて強い現在の日本においては、道徳的・宗教的な次元よりもまずは政治的な次元に焦点をあて、非暴力なるものの意義を強調すべきだとおもいます。

キングからするならば、暴力を控えるということは敵対性を激化するということになる。ここがポイントです。敵対性と暴力を区別しなければ、結局、暴力に直面しても聖人のようにふるまえ、というたんなるモラル論、あるいは宗教論に帰着してしまうおそれがある。非暴力直接行動とは、より大衆の力を強化するために、要するに、よりラディカルにやりたいために暴力を控えることなのです。これはいわば、相手の巨大な力、あるいは暴力という物理的力に積算された力を分解させ拡散させつつ、うまくみずからの力を最大限にまで発揮させて対抗する柔術のようなものです。だからこそ、そこから多様で創造的な戦術の展開が可能になってくるわけです。

人種隔離をやめない商店のカウンターに座り込むシット・イン、フリーダム・ライド、フリー・スピーチ、徴兵されやすい「成績不良」学生のリスト提出拒否……わが敬愛する平岡正明は、一九六七年の著作でアメリカの運動の展開にふれつつ次のようにいっています。「戦術の多様さと巧みさは、権力の形態、権力意志が自己を貫徹するためにその時点・時点で前面におしだす権力機関の形態に応じて、反撃の場所を設定するという基本点でピタリと押さえられている……ゼロ戦ときてゼンガクレンとつづくわれわれの行動部隊もふくめて、直接行動の幅においては、かれらはわれわれを追い抜いたのではないか」。[3]「追い抜いた」と表現されていますが、たしかに日本における社会運動、労働運動は、戦術の発明にかけてかつてはひけをとらなかったことは絶対に忘れてはならないでしょう。あるアメリカ人の記者は敗戦直後に日本の労働者を評して「争議行為発明の天才」という名を与えました。GHQ労働課の二代目課長は次のような言葉を残しています。

　米国のストはたいてい問題が解決するまで一斉に期限なしに労働を停止するという形態をとり、他の方法はとらない。労働法もこの実情を反映している。……日本には、サボタージュ、順法闘争、コーラスガールがピッチを半音上げたり、電話の交換手が電話の相手に『スト中です』と朗らかに伝えながらも、いつもの通り仕事をしたりするスト、数分から数日間といった期限ストなどの長い歴史がある。指導者は決まりきった形式ではなく、その受容度と効果に応じて戦術を選択した。日本では（争議のことをアメリカでいうように、ストライキ、というひとつの言葉で表現できないので）〝争議行為〟という法律用語さえ作った。これは米国では必要のないものだった。[4]

コーラスガールがピッチを半音上げるなんて、なんととんちのきいた抵抗でしょうか！　この創造の歴史は、その後もつづきます。たとえば、一九六〇年代後半にあらわれたヘルメットに角材というスタイルは、やがて惰性となり窮屈なものに化すとはいえ、少なくとも登場の際は衝撃を与え、海外の闘争にも導入されました。ジョン・レノンがオノ・ヨーコと一緒にたしかそんな格好でライヴをやっていなかったでしょうか。非暴力と対抗暴力のあわい狭間にあるスタイルですが、基本的には力の象徴であり、日本も加担しているベトナムでの戦争、つまり国家の暴力に異質な力を対抗させるという模索の表現でもあったとおもいます。[5] いずれにしても、こうした日本の諸運動における戦術の系譜の掘り起こしは、いまだほとんど未開の領野です。

2　マルコムX——暴力の前-個体的政治学

しかし、キングのなかにはある動揺があります。デイヴ・デリンジャーという人物がいます。第二次大戦のさいに徴兵拒否で投獄されて以来、ベトナム反戦から現在にいたるまで反戦運動を担ってきたまさにアメリカの活動家の古参にあたる人物なのですが、キングの描写でかれのものにまさるものはあまりみたことがありません。[1]

そこでえがかれるのは、高潔な人物としてのキングではありません。もちろん、フーバー長官が盗聴・録音し、その脅迫の決め手となったキングの女性関係の「だらしなさ」はもはやよく知られています。そこではなくて、ここでの動揺は上下にふれるものです。つまりデリンジャーいうところの社会改革についての「上意下達式のアプローチにとりつかれてしまった」キング。モントゴメリーにおける闘争の成功で有名人になり、影響力も増大し、政治家、とりわけ当時の大統領J＝F・ケネディとのつき合いもできたことから、みずからの力を過信し、変革のよりどころを大衆ではなく「お偉方」に求めて陳情活動に熱心に走りがちなキング、まさにじぶんたちが触発した非暴力直接行動が、黒人大衆にも勇気とモデルを与え、さまざまな場所でさまざまなスタイルの闘争が展開をみせているにもかかわらず、その現場よりもホワイトハウスでの話し合いを大事にするキング、そしてお偉方をみずから利用した気になっているけれども、じつはうまいこと利用されているキングです。デリンジャーら、公民権運動の活動家たちはそのキングを、かれの力の真の源泉に、つまり大衆の側にひき戻そうと懸命に努力をしています。キングは、すでにふれたように最終的にはこの大衆のほうにひき返す歩みのなかで、ベトナム戦争への反対の意志をはっきりと示し、国内の人種問題をアメリカの資本主義、そして軍事政策と一体化した帝国主義と深くからみあったものとしてとらえはじめます。北部ゲットーの問題を同時にグローバルな水準での支配と搾取構造の問題として把握するわけです。キングにとって、ローカルな方にむかう動きとグローバルな方にむかう動きが同時なのです。[2]

その一方で、つねに「お偉方」と無縁でありつつ、ニューヨークのハーレムのなかで活動をつづけたのがマルコムXです。マルコムXは、当時からキングと激しく対立させられました。じっさいにマルコムはキングたち公民権運動の潮流を手厳しく批判していましたが、一方でこうもいっていました。じぶんがより激しく白人社会から敵視されることで、かれらはキングたちを「よりマシ」だと考えるようになる、そうすることでじぶんはキングたちを手助けしているのだ、と。もちろんこれは皮肉まじりなわけですが。この二人をもっともへだてる対立軸が暴力とされています。かたや非暴力でかたや暴力というわけです。

たしかに、手段と目的という図式で整理するとすれば、キングの議論は、正しい目的のためには手段も正しいものでなくてはならないとまとめられるでしょう。この点についてはガンディーも似ています。正しい目的のためにまちがった手段を使うことは道徳的に正しくない。差別に反対するならば、リンチに反対するならば、暴力という手段を使ってはいけない。目的は手段を正当化しないというのが、この理念です。

またこの図式を使うならば、キングのライバルとみなされていたマルコムXは、目的が正しければいかなる手段もとる、といっているようにみえます。「いかなる手段をとろうとも（by any means necessary）」という有名なフレーズもあるぐらいですから。たしかに単純に考えると、目的のためならば手段は選ばぬという道具主義的な発想になるし、八〇年代にマルコムXが復活したときに、サバイバルのためなら手段は選ばないとの再解釈をこうむり、ある種のギャングスタイズムのなかに取り込まれてしまった面もあります。でも、問題はそんなにかんたんなものではありません。

もともと暴力主義者マルコムのイメージは主流メディアによるプロパガンダ的なものでした。マルコムがキングの非暴力主義を批判し、なにがしかのかたちで暴力を肯定するにしても、あくまでも「相互的な原理」にかぎられています。つまり、なによりもまず黒人たちに日常的に行使されている白人社会からの暴力に、あんまりやりつづけるならいつまでも黙ってはいないぞ、という姿勢を示すことに目的があったのです。マルコム自身、積極的・攻勢的な暴力を推奨したことはありません。「私は暴力を認めない。事実、合衆国に存在する暴力の犠牲者はアメリカ黒人であり、私は黒人大衆が白人に対抗して無差別に暴力行為に訴えることを主張したことはない」。その意味で、マルコムのいう暴力は「反動的」、つまりリアクションであり、二つのものを同時に可視化するための戦略なのです。第一に、アメリカ社会のなかに制度化されている黒人やそれ以外のマイノリティに対する構造的な暴力、第二にブラック・コミュニティのはらむ潜勢力。つまり、暴力をこうむりながら、押し黙ったり、分裂して暴力を内向させるばかりではない、もし連帯するならば強力なものになる力をブラック・コミュニティはすでに保持しているのだ、ということの示威。マイケル・ハートは、マルコムXの思想を一言でいうならば、それは「友愛の理論」だ、と指摘しています。具体的な政治の領域では、ブラック・コミュニティの自律を唱えるマルコムのいう友愛は「コミュニティの［権］力」としてあらわれるものです。さらに、そのなかに位置づけられる暴力は、「友愛の暴力（violence de la fraternité）」である、というのです。[3]

マルコムXのいまだにつづく根強い人気は、かれのいう暴力を、手段と目的の連関のなかではとらえられないような次元で考えることを求めているとおもいます。すなわち、マルコムXの存在と発言のパフォーマティヴな力です。暴力はそのパフォーマティヴな次元のうちに位置づけられねばならないのです。くり返しになりますが、目的（大義）→手段（暴力）、という粗雑な図式で縮約される手前で、現実には、行為だけではなく言葉やイメージをふくみこんだ複雑な力の領域があります。マルコムはなによりまずこの平面にはたらきかけるのです。ふたたびマイケル・ハートは次のように指摘しています。「じっさいには［マルコムにおいて］問いは、愛か憎しみかでも、暴力か非暴力かでもなく、力という観点から提起された」。[4]ハート自身は、あとでまたふれますが非暴力にかなり手きびしい。非暴力主義は、スペクタクルの政治であり、犠牲者のイメージをまきちらすことで憤激をひき起こすことが目標のネガティヴなものである、というのです。しかし、マルコムの発言や表明された思考を、そのパフォーマティヴな表現空間の全体――マルコムの思想として残されているテキストのほとんどがスピーチの記録です――としてみるなら、マルコムとキングはそれほど異なることをやったわけではないとわたしは考えます。マルコムとキングに共通するのは――とりわけマルコムが親しかったのは――「従属する」ということにまつわる心理や感情でありました。マルコムは従属する者がいかなる心理のもとにあるのか、情動のもとにあるのかを、熟知していたのです。

それはかれが有能なハスラー（チンピラ）だったことと無縁ではないでしょう。まだ読まれたことのない方は、『マルコムX自伝』をぜひ読んでほしいとおもいます[5]（ちなみに日本のある英米文学者がこの本を二〇世紀最高のアメリカ文学にあげていたと記憶します）。かれは、田舎から大都市ボストンに出たとき、まず人の顔を読むこと、つまり人の表情の一瞬の観察から、それがどのような人間なのか、とりわけだれが警官かを読みとる訓練をします。マルコムは、おそらく、そのような観察に長けていたからこそゲットーでものしあがっていったのでしょうから、いわば従属者の心理学者として有能であったわけです。マルコムには、そういう意味では、抑圧され、服従を強いられる人たちに対する幻想はありません。「庶民」とは、かならずしも、人情にあふれ、たすけあい、はげましあう人たちではありません。虐げられた者たちは、仲間の成功を妬み、みずからの解放にがんとして抵抗し、抑圧者にへつらい、より弱い者をいじめ、よき指導者を裏切り、しばしば殺害し、仲間を売ることもあるものなのです。

そこから「性悪説」のようなイデオロギーにおちいると、シニカルな保守主義になります。しかし、たしか一七世紀オランダの哲学者スピノザがいっていたように記憶するのですが、性悪説も性善説もつまるところ人間の本性を粗雑化したイデオロギーにすぎないのです。ということは、つねにひとは、性善説と性悪説が要約する両極の中間状態にある。そして、この中間状態にしか隷属と解放のゲームは存在しない、あるいは、より正確にいえば、この中間状態ゆえに隷属と解放のゲームが存在するのです。

ここでは心理学という、問いの領域をあらかじめ狭く囲い込むような言葉じゃなくて、リビドー経済あるいは前‐個体的政治学という言葉を使いましょう。わたしたちが権力のゲームに巻き込まれるのは、まずはっきりとした争点や課題といった意識あるいは主体レベルの出来事の以前のレベル、情動や欲望などのレベルにおいてです。たとえばそれは、情動のレベルでは不安、恐怖、快楽、あるいは外面的には、表情の微妙な動き、仕草、などの平面で行使されているのです。たとえば、すぐれた映像作品は、ふつう見すごされてしまうこうしたレベル、いわば「きざし」のレベルの政治を浮き彫りにするでしょう。また、すぐれたアジテーターと呼ばれる人は、意識的にであれ無意識的にであれ、このことをよく理解している人にほかなりません。

当時のマルコムの演説を聴いたり記録映像をみたりすると、たとえば、白人に対して黒人のほうがすぐれているというような、単純な逆転法をよく使うわけです。そのような思想の内容は少なくとも決別するまでは、マルコムが最初に信奉していたネーション・オブ・イスラムの教義からもきているのでしょうが、マルコムの口にかかれば、独特の生々しさ、生き生きとした躍動感を与えられます。「そうなのだ、黒人のほうが白人よりも優秀なのだ。いうまでもないではないか。歴史を遡ってもいい、私たちをアメリカ合衆国に奴隷として二〇〇年間閉じ込めてこき使ったのははたして黒人であったか、ノー、白人である」と、こんなかたちで黒人と白人を対照的に列挙していくのです。黒人はこういうことをしたか？　ノー、白人はこういうことをしたか？　ノーというようなかたちで、コール・アンド・レスポンスを活用しながら黒白の優劣を逆転させていく。シンプルに、リズムにのせて。そして、あなた方の皮膚の色は美しい、そんなに光っているじゃないか、と区切りを入れる。それを聞いたゲットー住民たちの表情は本当に輝くのです。

3　自己憎悪からの解放
——マルコムX、フランツ・ファノン、マハトマ・ガンディー

マルコムが暴力という言葉を使うとき、それは抑圧され、隠蔽された敵対性をあぶりだすことになります。そのような敵対性の抑圧、隠蔽こそが、じぶん自身への、したがって黒人同胞への、あるいはより一般的には水平的な関係のなかでの憎しみとなって折りかえされる原因です。さらにはそれが服従を永続させるエネルギーの源泉となっているのです。非暴力主義的な潮流による「汝の敵を愛せよ」という呼びかけも同罪どころかもっと性質《たち》がわるい、と、マルコムにいわせるならこうなります。

『自伝』のなかでマルコムXは、ハスラー時代をふりかえりながら、流行にのって、沁みる薬品で頭にやけどをつくりながらパーマをあてていた、美容院でのおのれの姿を愚かさのあかしとして後悔しています。スパイク・リー監督による映画『マルコムX』の

最初のシーンで使われていました。このパーマはコンクと呼ばれるものですが、ちぢれ毛の多いアフリカ系の人々がストレートな髪質にすることですこしでも白人に近づきたいというコンプレックスの表現ともみなされています。こんな日常のささいなふるまいのなかに、自己憎悪がひそみ、再生産されているのです。マルコムは黒人の内側に深く折り重ねられている自己憎悪こそが、ブラック・コミュニティの無力の原因であり、人々をして抑圧者に対しみずから跪《ひざまず》かせ隷属させてしまう源泉だと考えました。マルコムが白人社会に対する敵対をあらわにするとき、それはまず黒人たちからこの自己憎悪を解除させることにねらいがあったのです。ただ「隣人を愛せよ」といったところで解消できないぐらい、かつての「主人」から浴びせかけられつづけていた憎しみが黒人の内側に食い込んでいることを、マルコムはよく知っていたのですから。主流メディアはマルコムのことを「憎しみを煽るテロリスト」と罵倒しました。この定義はあきらかに粗雑なものですが、こうしたレッテルを貼る人間よりはるかに、マルコムは憎しみという感情とそれがつくりだしてしまう人間のあいだの関係性についてなじんでいました。だからこそこの感情を抑制し、遠ざける方法を知っていたようにもおもいます。なにより、白人ジャーナリストや評論家を相手にしたインタビューやテレビ番組の記録をみればわかります。かれはみずからを「悪魔化」しようとする悪意ある質問や発言に対して、つねに冷静に対応し、この発言自体の根拠のなさ、「偽善性」を露呈させることで、その発言を支えているものこそが憎しみであることをあぶりだしてしまうのです。だからこそ、一緒にテレビに出演することを、マルコムの敵対者たちは恐れました。

マルコムは、憎しみを煽ったというのではなく、むしろ、黒人たちの自己や他者にむかう憎しみを怒りに変えたというべきです。この二つの感情はわかちがたくからまりあっているとはいえ、憎しみは状況総体や制度ではなく特定の人間や集団にむかいがちです。憎しみは、その感情をもたらす原因に遡り、根源的次元から根絶しようというのではなく、その結果であるもの――人間、集団――を排撃したり殲滅することでカタルシスをえるという行動をみちびく傾向を強く帯びた感情だとおもいます。それに対して、怒りは憎しみそのものを生みだしている、より広い条件にむかう、より思慮にひらかれた傾向があるようにおもわれるのです。権力はこの憎しみという感情のもつ傾向につけこみ活用します。ジョージ・オーウェルの小説『一九八四年』では、舞台となる全体主義国家には「憎悪の時間」が設けられていました。その時間になると国民は、敵の画像にむかって憎しみを表現しなければならないのです。いま日本ではこのように制度化こそされていないものの、「憎悪の時間」はメディアによって生活時間全般にわたって設定されています。あるいは、たとえば復讐という感情にもとづく死刑は、憎しみの結晶のひとつともいえるでしょう。いまアメリカ合衆国（の一部）と日本が、死刑制度を存置させている数少ない先進国であることはなにかを示唆していないでしょうか？　それに対して、怒りはどこか生産性をはらんでいるのです。たとえばパレスチナ系アメリカ人としてイスラエルやアメリカ合衆国のパレスチナ政策を告発しつづけた知識人であるエドワード・サイードは、じぶんには怒りはあるが、憎しみという感情はあまりわからない、といっています。憎しみにくらべて怒りは建設的である、と[1]。じぶんのことをののしったり憎悪の権化のように扱うそのあり方自体に憎しみがひそんでいることをマルコムは暴きだすといいましたが、それは憎しみが「制度化」されているからです。アメリカの制度はみずからのうちに、ほとんどだれも気づかなくなるほどその憎しみを一体化しているのです。

……ここアメリカにおいては白人はわれわれにわれわれ自身を憎むように教えてきた。われわれの肌を、われわれの髪を、われわれの血を、われわれの存在そのものを憎悪せよと教えてきた。アメリカ白人こそ憎悪の教師である。憎しみを教えている時も、教えているのは法律のことだと誰かに思わせかねないほど悪質なものである[2]。

だからこそ、マイケル・ハートのいうように、「憎しみの制度化や搾取という状況のなかで愛を語ることは、愛を抽象的なものにし、その実質的な内容を愛から抜き去ってしまうことである」[3]。ここにキングへのマルコムによる批判の核心がありました。憎しみが制度化されている文脈のなかで愛は空転するのだとすれば、憎しみを癒すのはひとまずは愛ではないということになります。たしかに「愛のみが憎しみを克服できる

(only love can conquer hate)」にしても、憎しみに愛のみでもって対処するのはむずかしい。人はみずからの受けた痛みの原因をそれほどかんたんに抱擁することができないだろうし、たとえ個別の人間の感情を変えることに成功したとしても、憎しみをその内側に刻印した制度は次々と憎しみを生みだすからです。とすれば、憎しみを癒すのは、とりあえずは、この憎しみを際限なく再生産する装置そのものの解体にむかう怒りなのです。

ここまできて、もうひとりの人物が必要になります。それはフランツ・ファノン（一九二五―六一）。暴力を考えるときには欠かすことのできない名です。

ファノンとマルコムXは同時代人であり、思想的にも非常によく似ている側面をもっているようにおもえます。

ファノンは、西インド諸島の仏領マルチニック島生まれの黒人です。第二次大戦にはみずから志願してフランス軍に参加。戦後フランスのリヨンで精神医学を学び、一九五三年には当時フランスの植民地だったアルジェリアの病院に赴任します。その一年後にアルジェリア革命がおきると、ＦＬＮ（アルジェリア民族解放戦線）をひそかに援助、五六年には病院を辞し、ＦＬＮに身を投ずるのです。

ファノンは、植民地主義が根本的に暴力的状況であることを指摘します。そこではわたしたちの社会のように、「市民社会」と呼ばれる個人と国家を媒介する厚みをもった領域が希薄です。というのも、植民地主義の体制のもとでは、植民者と被植民者の利害がまっぷたつに分断されていて、さらにその分断は植民者のもち込む「マニ教的」な善悪、美醜の二元論の世界観によって強力に裏打ちされているからです。したがって、国家は（少なくともかつての）わたしたちの社会のように、ヘーゲル的な市民社会を媒介とした弁証法による綜合をそれほど必要としない、つまりイデオロギー装置を介して統合せよという要請が弱い。だから、軍隊や警察のような暴力装置がつねにむきだしに生活のなかに現前しているのです。

ファノンは、暴力が日常のなかに根深く構造化された植民地状況を、ある屈折、すなわち、その状況を生きる被植民者と植民者がともにおちいる精神的病理――を介して受け取ります。たとえばファノンがあげるアルジェリア人男性、ヨーロッパ人男性の症例をあげてみましょう。

・妻がフランス軍兵士たちに強姦されたために不眠症とインポテンツになったB。
・フランス軍による村ごとの焼き討ちと大量殺戮を生き延びたものの無差別の殺人欲求に悩まされるS。
・フランス軍兵士に母親を殺害され妹を連行された元FLNの活動家Dj。アルジェリア人を二人殺害していた植民者のもとにでむき、その妻を殺害してしまい、それから悪夢に悩まされ自殺未遂をくり返す。

・アルジェリア人への拷問をくり返していた末に、叫び声の幻聴に悩まされるヨーロッパ人刑事。さらにやはり拷問をくり返しているうちに家族に虐待をおこなうようになったヨーロッパ人刑事。[4]

ファノンは、暴力によって「歪曲され」てしまった生きた人間の精神・身体を介して、対抗的な暴力についての考察を深めていきます。その結実が一九六一年に公刊された『地に呪われたる者』であり、サルトルの序文とともに、その暴力論は当時、世界の多くの変革をこころざす人間にとって必須のテキストとなりました。

ファノンは植民地主義が内包する暴力の契機を三つ設定します。最初の契機、植民地主義のなかに暴力が遍在していること。次の契機、ネガティヴに屈折したかたちでこの第一の暴力に対する応答となる暴力。この契機には、同胞にむけられる暴力もあれば、精神的な病、憑依現象やダンスもふくまれます。植民地状況のはらむ暴力は、まずはじめは同胞もふくむみずからに内向し、さらにさまざまなかたちに変容を遂げて主体にとり憑くのです。さらに、第三の契機として、この暴力が内向をやめて植民地主義そのものへとむきを変える契機があります。植民者にむけ返された暴力であり、これをサルトルは「ブーメランの契機」と呼びました。

植民地状況を生きるネイティヴのアルジェリア人の、いわば乱反射する欲望に耳を傾けるなかで、ファノンには気づいたことがあります。かれら（やはり男性が中心なのです）が、ガンディーがインドの状況のなかでそう考えたのとは異なり、被植民者は植民者を「愛する」欲望をもっていないのです。ファノンがつきあたった問題は、植民地状況のもとのアルジェリア人による暴力の動機づけと標的、すなわち復讐と無計画性でした。ファノンは、憎しみである復讐心にもとづいた暴力では、変革をもたらすことはできないと考えます。

> 人種主義、憎しみ、怨恨、「復讐の正当な欲望」は、解放戦争に糧を与えるわけにゆかない。これら意識をよぎる稲妻は、肉体を騒然たる道に投じ、準病理学的な夢幻状態に投げ入れる……だがこの当初の大いなる情熱は、それが自己の実体を糧として身を養おうとすれば解体する。なるほど植民地主義軍隊のたえざる暴虐は、闘争に再び感情的要素を導入し、闘士に新たな憎しみの動機、「うち倒すべきコロン」を求めにゆく新たな理由を与えはするが、しかし指導者は、憎悪がプログラムを構成し得ぬものであることを日々理解してゆく。[5]

先ほどマルコムXについて、憎しみと怒りということで、おなじポイントにふれました。憎しみは、暴力を生産するより広い装置そのものに立ちむかう動力としては弱い感情です。ファノンは、わずかばかりの支配者側の「温情」によって憎しみはぶれやすいとも指摘しています。憎しみは敵対的姿勢をとりつつ、みずからの従属的状況から脱却するプロセスを触発するスプリングボードにもなるが、同時に権力につけこまれやすい。だから、ファノンによれば、暴力は知性を与えられねばならない、となるのです。マルコムXとおなじように、ここに暴力の前‐個体的政治学がはたらいているのをみてとることができます。

マルコムXの死以降、ブラック・パワーの潮流から生まれたもっとも重大な勢力がブラック・パンサー党といえるでしょうが、このグループは、マルコムXに加えてファノンにも大きな影響を受けていました。マルコムの問題設定にファノンがたやすく導入されたのは、これまで述べてきたファノンの志向性に、――それと関連しているのですが、――主体としてのルンペン・プロレタリアートの問題があります。マルコムXやかれに影響を受けたそれ以降の活動家たちが直面していたのは、ファノンとおなじく、正統派マルクス主義のなかではまったく役割を与えられていなかったルンペン・プロレタリアでした。マルコムXにしてもかれらにしてもそこから出発せざるをえなかった場所です。もっとも「底辺」であるからといって、もっとも抵抗的であるとはかぎらないし、直接にみずからの位置を定めているシステムの変革を志向する人たちではありません。それどころか、むしろこの統合されざる階級について、マルクスは、階級闘争に資することもなく、むしろ支配権力の手先になって足をひっぱったり、破壊したりすることもあるがゆえに軽蔑しました。かれらは、「はっきりしない、ばらばらになった、あちこちとゆれ動く大衆」であり、輪郭の明確な他の諸階級からの剰余、「あらゆる階級のこれらのくず、ごみ、かす」（『ルイ・ボナパルトのブリュメール一八日』）でしかない、というのです。

ファノンはしかし、マルクスに逆らって、アルジェリアにおいてはこのルンプロこそ「革命の穂先」であるとみなしました。にもかかわらず、かれらは、植民地状況のなかで、根深い依存コンプレックスにおちいっている。つまり、自己と社会の根本的変革にいたらない理由は、かれらが劣等性とそれによる依存と服従的心性を内面化しているからだ。ファノンによれば、みずからがそうであったところの植民地化された黒人男性は、「状況的な神経状態」にあるということになります。植民地状態における、マニ教的世界。そこではネイティヴは悪や醜さのシンボルとして、文明の恐怖や脅威として表象され語られている。そのまなざしが屈折して内側にむかうことで、かれらはじぶん自身の存在を抹消しようとたえず努力をかさね、その結果、劣等コンプレックスと依存コンプレックスが形成されていくというのです。

このような観察と考察のなかから、精神科医であるファノンは、植民地状態からの解放を同時に心的病からの治癒であり、健康の回復であるととらえていきます。すなわち、植民地からの解放闘争は、メンタルな奴隷状態に対する「癒し《ヒーリング》」でもあるはずなのです。

暴力は、この酔い覚まし、解毒作用である。個々人の水準においては暴力は解毒作用だ。原住民の劣等コンプレックスや観想的、ないし絶望的な態度を取り去ってくれる。暴力は彼らを大胆にし、自分自身の目に尊厳を回復させる。[6]

「解毒作用」とは原文ではdesintoxique。この言葉をcleansing（浄化）のような宗教的用語で解する人もいます。ですがここはナイジェル・ギブスンのいうように「内面化され鬱屈した攻撃性をその適切な源泉——この場合、植民地的暴力——に方向づけ直す手助けをし、イデオロギー的不明瞭化をはらす」[7]という程度に受け取るべきでしょう。とすれば、この引用は、言表の内容よりもその言表でもってパフォーマティヴになにをしようとしたかという点において、マルコムXと重ねることができるのです。まず、かつて「全能」であった主人を切り縮めること。それによって、圧倒的な力で現前する「主人」もわれわれの力によって突破できる偶有的《コンティンジェント》な存在に転換されます。そして具体的な暴力行使の手前で、敵を見定め、どこに亀裂があるかをはっきりと認識して、戦闘的な姿勢をとること。それによってはじめて根強い依存コンプレックスから解放されることができる、というのです。これは、合理的な連関として手段と目的の図式を設定し、正当な目的のためには手段も正当化されるという発想の枠組みでは考えられない効果です。ジュリア・クリステヴァがいうような、「蜂起（revolt）」の回復的で刷新的な、いわば「健全《ヘルシー》な」効果です。[8]

以上の考察は、革命以後の社会のあり方への展望ともかかわっています。ファノンは、みずからの出身地であるマルチニックが、自発的に独立を獲得したわけではないとして、「闘争は暴力的でなければならなかった」と考えています。なぜでしょうか？　これはいわば敵対性なしに独立したということです。しかし、暴力的な敵対性を通してはじめて、かれらは「フランスを笑いながら騙す友人」ではなく、真の敵とみなすことができる。その過程を経由してこそ、かれらはフランスとの関係を、もっと隷属的ではない、健全なものとできたはずだ、というのです。もうひとつ、独立を果たすとしても、武装闘争を通過した独立は、武装闘争をへない独立と異なる性格をもつ。前者は後者よりも、植民地モデルからより根本的にみずから決別するということになるだろう。そうでなければ、植民地政府、傀儡政府のもとでの現住エリートと独立後のエリートの連続性が維持されてしまい、社会は本質的には変わらないだろうというのです。

さて、非暴力／暴力という対立に敵対性という概念を導入すると、まったく対照的にみえるファノンとガンディーについても共通の問いの場をえがきだすことができるようにおもいます。マハトマ・ガンディー（一八六九―一九四八）は、イギリスによる植民地支配のもと、インド三〇億の民衆の無力な状態のなかで生まれ育ちました。イギリスに留学後、一年契約で弁護士として仕事に出むいていた南アフリカにおいて、インド人移民に対する選挙権剝奪や指紋登録法などの差別的施策に直面し、抗議のための非暴力直接行動を開始します。それからかれは二〇年あまり南アフリカで活動することになるのです。先述したように、キングと同様、ガンディーにとっても非暴力とは「和が大切」というような発想とはまったく異なります。ガンディーにとって非暴力とは「直接行動」なしには意味をもたない。「わたしはもちろん『直接行動』という言葉を、その語の術語的な意味に限定するものではありません。けれども、そこに直接行動的な表現なしには、非暴力はわたしの心にとって無意味です。それはこの世において、最も偉大な、最も行動的な力です。人は消極的に非暴力であることはできません」（強調引用者）。ガンディーは当初、トルストイによる「受動的抵抗」という言葉をもちいていましたが、その言葉のはらむ受動的な要素、誓願的な発想に満足できず、サティーヤグラハ（真理把持）という観念を使うようになりました。それによって、非暴力直接行動と敵対性の不可分性をはっきりとさせようとしたのです。

> 非暴力の方法は、どんな形をとるにしても、受動的な無気力な方法ではありません。それは本質的には、血なまぐさい武器の使用を伴う運動などよりもはるかに積極的なものです。真理と非暴力は、おそらくこの世界で最も積極的な力でありましょう。[9]

ガンディーとファノンに共通するのは、従属者の身体に呼びかけ、従属者の身体を通して、その隷属的なスタンスを組み替えていくということにつねに気を配ったということです。リビドー経済という話をしましたが、かれらはともに従属者の知性や意志以前に身体や情動の水準ではたらくメカニズムに熟知していて、その水準に呼びかけるのです。おたがい東洋と西洋という違いはあるけれども、それぞれ植民地からの解放を、政治的、社会的ないとなみでありながら、同時に遍在する暴力的状況のもとで、暴力にさいなまれた主体が癒されていくというプロセスとみなしていた。つまり、かれらの実践には共通して「病」からの癒しという発想が枠組みを提供していたのです。ただ、その場合、非暴力と暴力というかたちで想定された主要な方法が分岐したのは、東洋医学と西洋医学の違いもひと役かっていたともいわれます[10]。

自伝とか評論を読んでみるならば、ガンディーには、看護への大きなこだわりがあったことがわかります。かれは看護をただ病の癒しのための施策にとどまらない、ひとの生においてとても重要な役割をもつものとみなしていました。すなわち、人間の社会、あるいは、人間の関係性を構築するうえでのモラルを形成すべき重要なもの、と。ガンディーは、祈りによる治癒の効果にかたくなな信念をもっていて、じぶんの息子が死の床についていても病院には通わせませんでした。かれがどうやって看護するかというと、病院のベッドの脇に忍耐強く座って、数日間でもずっと祈りつづけます。それに加わるのは、サウナなど身体の外からほどこされる療法です。つまり、ダイエティックな変化を目標とするのです。抑圧者に対しても、このようなやり方でコンバートさせていく、すなわち改心させていくという、気長なスタンスをとります。

それに対して、ファノンは西洋近代医学の専門家ですから、薬物にも手術にもなじんでいました。手術のような技術は「侵襲的」という暴力性を帯びた特徴づけにみられるように、健康な組織を破壊しようとするあらゆる身体内における「敵への暴力的攻撃」ともみなすこともできます。たとえば、抗生物質は侵略してくるよそものの細菌を殺すわけだし、手術は癌や腫瘍によって冒された身体の一部を切除するわけです。

しかし、ファノンについて、にもかかわらず問われるべきは、それがどうして暴力なのか、ということです。暴力が本当に「癒し《ヒーリング》」の機能を果たすのかという批判は、まったく当然のことながらファノンにむけられます。たとえばパレスチナにおけるインティファーダは、絶望的な袋小路につきあたっていたパレスチナ情勢の突破口となり、多くの人たちに勇気と希望を与えました。しかし、その一方で、パレスチナの子どもたちに日常的に粗暴なふるまいや暴力への強い志向性をもたらしてしまっていると伝えられます。それに、解放ラジオ「アルジェリアの声」を聞くだけでも変革的活動になるのだ、とも、ファノンはいっているのです。とすれば、なぜ自己変革の活動は暴力へと収斂していくのでしょうか？　もしかするとそれは、アルジェリアにおける暴力的状況の切迫性が強いた圧縮かもしれません。サルトルのいうような、支配的な力におなじ力が対抗暴力として帰ってくるという図式はこの圧縮のひとつの帰結にすぎない、といえるかもしれない。ファノンはアルジェリア人とラジオのかかわりを植民地支配から解放闘争への時代状況の変化のなかに位置づけて分析しています。ラジオという装置は人々との関係性のなかでその意味を変えていきます。占領者の技術—物質体系、占領者の言語—情報体系としてはじまったラジオには背をむけたアルジェリアの人々も、アラブ、アフリカ諸国での民族解放闘争の高揚とともに積極的に接しはじめます。そして一九五六年末からはじまった解放戦線による「自由アルジェリアの声」は次のような変化をもたらします。いまやラジオを聞くことはたたかう「民族」と一体化するという人々の要求の表現となり、ラジオをもつことそれ自体が革命をひき受けることになる、さらに妨害電波のなかで聞く努力が革命への参加意識の増大をもたらす……といったようにラジオ聴取はそれだけでもみずからの感情的・身体的次元での組み替えをもたらし、さらに実践的な変革の活動になるといっているのです。

ファノンが、ラジオの分析をおこなったおなじ著作『革命の社会学』[11]で、植民地人民は勝たねばならぬが植民地支配者の暴力とは異なり「蛮行なしに」勝たねばならないと主張するとき、そこには「暴力」と名指すときにはたらく圧縮を超えて、どのような力の質の差異かという問いが浮上しているようにおもえます。わたしたちはその圧縮をもう一度ひらいて、支配的な力としての暴力にさらされた身体が、対抗しながらみずからを組み立て直していくとき——ファノンはそこから「あたらしい人間」が生まれるといいます——の、具体的状況に応じた力への問いとして考えてみたいとおもうのです。

4　革命的攻勢か、民衆的防御か？――ブラック・パンサー党

マルコムの思想はやがてポスト公民権運動のなかにひき継がれ、ブラック・パンサー党によってファノンと融合させられます（『地に呪われたる者』の英訳公刊は一九六三年です）が、そこではさらに、チェ・ゲバラ、毛沢東などがひとつの鍋に放り込まれ、煮つめられながら、あたらしい議論が構築されていきます。ポイントはなにかというと、分析的にはアメリカの黒人ゲットーをひとつの疑似植民地とみなすということ――アメリカという第一世界のなかの第三世界、先進国内部の「国内植民地」です――、戦略的には、そのうえで、アメリカの黒人ゲットーにおける闘争を、国際的な民族解放闘争、反植民地闘争のうねりのなかに位置づけること――これは晩年のマルコムがとくに強調していた点です。[1] マルコムXにとってブラック・ナショナリズムは、二つの意義をもっていました。日本におけるナショナリズムから連想されるはたらきとは大きく異なっていることに注意が必要です。ひとつには、ブラック・コミュニティの自律と防御として。もうひとつは、アメリカの黒人ゲットーというローカルな場をダイレクトにグローバルな次元へと接続させるための装置として。つまり、アメリカ一国に限定されていた闘争を国際的にひらくための媒介なのです。公民権運動はそもそも、アメリカという国家の十全なメンバーシップとして処遇されることを目標とするわけだから、その射程は、基

本的に一国に限定されています。だから公民権運動とブラック・ナショナリズムは当時、対立していたし、させられもしていたわけです。ブラック・ナショナリズムは、黒人の解放のたたかいを、国際的な民族解放闘争、反植民地主義闘争のなかに位置づけるための媒介なのですから。しかしさらに重要な点があります。ネーション・オブ・イスラムと決別してからその死まで、わずかな期間でのマルコムの急速な思想的展開は、ブラック・ナショナリズムですら克服すべき桎梏にしてしまったようにもみえるのです。最晩年のマルコムは、アフリカや中東をその足でめぐりさまざまなイスラムの潮流、さまざまの政治的指導者――それらには当然、さまざまな出自の人々がいました――と出会うなかで、みずからの思想の展開をブラック・ナショナリズムと表現することにもためらいをみせはじめます。

> われわれが直面している問題に対する回答を、ブラック・ナショナリズムというかたちで概括できるだろうか。諸君もお気づきかと思うが、このために私は、数ヶ月来この表現を使わなかったのだ。しかし、私はこの国の黒人解放に必要と思われる包括的な哲学に、特定の定義をあたえることには、なおも強く惹かれる。[2]

このナショナリズムからも離脱しようとするマルコムX最晩年の軌道を、あるひとつの方向に沿って延長しようと試みたのが、ブラック・パンサー党だとおもいます。[3] 一九六五年、カリフォルニア州オークランドで結成されたパンサー党は、その初期にはブラック・ナショナリズムのレトリックに大きく依拠しますが、徐々に階級の方に足場を移行させていきます。たとえば、ナショナリズムを、反植民地闘争に資する革命的ナショナリズムとアメリカ合衆国の抑圧的ナショナリズムとに分類し、前者を支持してみせたりすることもありますが、基本的にはあらゆるナショナリズムへの疑義によってきわだっています。「決然たる反ナショナリストたち（resolute counternationalists）」と形容する論者もいます。このような態度が、かれらなりの現状分析の帰結でもあるという点が重要です。創設者であるヒューイ・ニュートンは、当時のパンサー党の主要メンバーであったデヴィッド・ヒリヤードによると、一九七〇年末ごろには次のような現状認識をもっていました。

> ニュートンは刑務所で現時点での政治の分析を発展させていた……「かれによれば」ナショナリストの闘争は、革命的ナショナリストの闘争であったとしても、的を外している。資本が世界を支配しているのだから。国際資本は、国境など無視しながら、世界を諸国家（nations）というよりも諸コミュニティへと変容させている。あるコミュニティは攻囲されており――ヴェトナムのように――べつのコミュニティは、合衆国政府のように包囲攻撃をしかけている。世界の民衆は、自分自身のコミュニティを自主的に管理したいという欲求の点で一致している。オークランドの

黒人大衆しかり、ヴェトナム人しかり。われわれは諸々のコミュニティとして団結し、資本による反動的インターコミュナリズムに抵抗しうる革命的インターコミュナリズムを形成する必要がある。

これに、次のような論説もつけ加えておきましょう。自伝の翻訳者の解説で引用されている、パンサー党の機関紙におけるニュートンのテキストです。「帝国主義者は世界の全コミュニティーを制覇し、諸機構を支配するようになったため、人民はみずからの国の機構によって守られることはできなくなってしまった。／黒豹党「ブラック・パンサー党」はこれを逆転させ、世界の人民を革命的インターコミューナリズムへと導いていこうとしている」[4]。このような分析も、現代国家の趨勢を考えれば先駆的な色彩を帯びてみえてきます。ラテンアメリカ諸国に典型的にみられるような、構造調整政策のもとで、「国民」の生命への責任（社会保障）よりも、ＩＭＦ、世銀、援助国政府への責任を最優先させながら、借金取りのエージェントと化しつつある現代国家です。こうした、帝国主義からいわゆる〈帝国〉への移行という趨勢の分析を、当時のパンサー党の戦略の転換という文脈においてみるとさらに興味深いものになります。この時期、ニュートンらは、党のべつのリーダーであるエルドリッジ・クリーヴァーの武装主義と対立していました。クリーヴァーの武装主義とは、警察との直接的な暴力的対峙を基軸にしたいわば攻勢的革命主義です。ニュートンたちは、それを運動を壊滅にみちびく「小児病」と批判し、コミュニティの防御という方針を強調していたのです。

そもそもここには、パンサー党のみならず当時の闘争の多くがはらんでいた二つの対立する線が顕在化しているようにもみえます。それをおおざっぱに主権的な線と非（反）主権の線に分類してみましょう。（国家）権力を獲得するのか、それとも、（国家）権力の獲得を拒否し、むしろ、みずからが力そのものになることを選択するのか、という二つの線です。[5] パンサー党には有名な一〇項目綱領（ten point program）というものがあります。①黒人地域の自己決定権の獲得、②完全雇用の要求、③資本家によるコミュニティの収奪を終わらせること、④住居の要求、⑤腐敗したアメリカ社会の真実を教える民衆のための教育の要求、⑥すべての黒人の兵役免除の要求、⑦警察の黒人に対する残虐行為と殺害の停止の要求、⑧あらゆる刑務所にいる黒人の解放の要求、⑨黒人地域の住民かあるいは同胞の構成する陪審による裁判を求める要求、⑩国連の監視下で、黒人植民地全土にわたって植民地民衆のみが参加でき、民族的運命を決定できる選挙をおこなうことの要求。

一九七三年の改正後の綱領には、主語に黒人のみならず被抑圧民衆総体が追加されるという点で横断的志向性、無料医療サーヴィスの要求などが追加されるという点でコミュニティへの志向性、それらの二点が強化される傾向がみられます。もともと、パンサー党の活動は、警察による虐待から黒人コミュニティを防衛する「逆パトロール」としてはじまりました。黒人大衆によるかれらへの支持の源泉は、一〇項目綱領のなかにみてとれる「生存プログラム」と呼ばれる地域の無料朝食サーヴィス、医療、教育サーヴィス、などに根ざしていたのです。しかし、散弾銃をもってスタイリッシュな制服をまとったおそるべき黒人武装集団というイメージはメディアによって誇張して流布され、バッシングの対象にもなりましたが、とりわけパンサー党の活動家のリクルート源でもあったゲットーの若い黒人男性たちにとってはクールでありかつ力強いという魅力的なイメージでもありました。このスペクタクルを介したナルシシズム的部分がひとり歩きして、「唯銃化」していく傾向をニュートンは「反動的自殺」と批判します。警察からのコミュニティ防御のための武装は、スマートな都市ゲリラのイメージへの魅惑を介して、主権的（超越的）な線に捕獲され、民衆的基盤をはなれながら、ヒロイズムが支える攻撃的な武力行使にエスカレートする危うさもはらんでいたのです。

革命は近代以降たいていの場合、この前者の線上に、つまり国家権力の獲得という線上に位置づけられてきました。このような想定のもとでは、暴力は、道具的位置においてのみとりあつかいを受ける傾向をもつようになります。マルクス主義の軍事論にとってひとつのよりどころともなった、エンゲルスの有名な定式（『反デューリング論』）は次のようなものです。「だが、暴力は歴史上でもう一つ別な役割、革命的な役割を演ずるということ、マルクスの言葉でいえば、それは新しい社会をはらんでいるすべての古い社会にとって助産婦であること、それは社会運動が自己を貫徹し、そして硬直し死滅した政治形態をうちくだくための道具であること」。

エルドリッジ・クリーヴァーは、牢獄から華麗な文筆家へという展開によって、すでにある程度の著名人でした。かれはニュートンに乞われてパンサー党に入党するのですが、先ほどから述べている方針の違いから、一九七一年にはすったもんだの末、脱党します。ニュートンによるクリーヴァー評は次のようなものです。「彼を引きつけたものは、力、銃の力、そして戦士が死を賭して闘うあの緊迫した瞬間だったのである。彼にとっては、これが革命だった。エルドリッジの思想は、言葉のうえに成り立っていた。彼の演説は是か否かといった絶対的二者択一の論理に満ちていた。たとえば『銃を取るか、みじめったらしい臆病者でありつづけるか』といった具合だ」[6]。

ニュートンらのコミュニティ路線を、「改良主義」への退行とみなした人たちもいました。しかし、一九七一年のドルショックによるブレトン・ウッズ体制の崩壊、ベトナム戦争での濃厚な敗色などを背景において、ニュートンによる先ほどの分析をみるならば、その文脈にある世界資本主義の変容を直感しつつ、ファノンを媒介にした毛沢東主義、ゲバラ主義の先進国都市への応用のような枠組みすら的を外したものになるという予見にもとづきながら、「ポスト人民戦争」論の模索をはじめていたのかもしれません。

あまりに過酷な弾圧にさらされ[7]、あまりに内部の矛盾と多面性に充ちていたパンサー党をいまどうとらえ返すかは、一九六八年革命へのバックラッシュのなかで、二つの潮流の競り合いの焦点となっているようにもみえます。すなわち、バックラッシュを促進する反動的な歴史修正主義と、六八年の生命を受け継ぎ、批判的検討を加えながら、その生命を現在の文脈において発展させようという潮流です[8]。それらの全体像をみわたしながら検討するというわけにはとうていいかないのですが、ともかく、パンサー党は、それまでのアメリカ黒人の運動は隘路におちいっていたとみなし、その二つの路線の総体を批判しようとしたのです。アメリカ社会への統合を解決とみなすかぎりの公民権運動に代表される(1)アメリカ・ナショナリズム——アメリカ合衆国のナショナリズム、そして合衆国内に黒人独自の国家樹立を要求するネーション・オブ・イスラムの教義にあらわれるような、分離をめざす(2)ブラック・ナショナリズム。その双方が、いわば主権を無前提に設定しています。つまり、ニュートンたちの視点からすれば、この二つの立場はともに、既存の形態の主権国家のうちに包摂されるか、主権国家を独自に創設するかの違いとしてあらわれるのです。パンサー党はこの隘路を懸命に回避しようとしました。ただし、それは皮肉なことに、ニュートンが、エレーヌ・ブラウンという女性を党首に任命したあとキューバに亡命して帰還するまでの期間、一般的にはパンサーが歴史的に消えたとされたあと、女性が中心となってコミュニティに根づいていた期間（およそ一九七四年から七七年にかけて）においてこそもっとも実践に移された方向性かもしれません[9]。

女性や同性愛者との連帯を、たえざる自己批判をもって追求しようとしたグループであるという点で、パンサー党はきわだっていたということはつけ加えておかねばなりません（ただし、どこまでそれがうまくいったかはべつですが[10]）。ニュートンがぬぐいきれなかったようにみえる集権的な運動観が一九八二年の最終的なパンサー党の消滅の一因になったとしても、かれらがひらいた問いの空間はいまだ生命を失っていないものです。すなわち、世界資本主義の水準での根本的な変革という展望を維持しながら、ローカルなものに根をおろし、さらに攻勢的な暴力を批判する、という視点です。かれらは、ローカルなものを主権的なもの——ネーションや国家——に従属させるイメージの転換を要請しました。つまり、ここでのローカルなものは民衆の自律的実践の場のことですが、それは、主権的空間を横断して国際的に拡がっています。そして、それはたんなる理念的展望ではなく、世界資本主義のあらたな転換についてのかれらなりの分析に相関して把握されているのです。わたしたちの文脈でいうと、ここでは暴力／非暴力という線に交錯させるかたちで主権／脱（反）主権という軸が設定されているのです。

第三章　敵対性について

1　ハンナ・アーレントによる暴力論批判

このような一九六〇年代の暴力をめぐる実践や理論的動きを痛烈に、かつするどく批判したのは、ハンナ・アーレントでした。ナチスに追われてアメリカに亡命し、この地で理論的活動をつづけていた政治思想家であるアーレントは、ファノンやファノンを擁護しつつ展開されるサルトルの暴力論が、アメリカの黒人運動や学生に影響を与え、実践に移されているのを苦々しくみていたのです。彼女は、かれらのその暴力論がきわめつけの粗野なものであり、マルクス主義の影響を僭称するけれども、たとえばファノンのルンペン・プロレタリアートの理論のように、マルクスからも大幅に逸脱したものであると断じます。

アーレントは、しかし、そのような粗野な暴力論をふりかざす勢力には批判的な一方で、運動総体の良き部分を次のように位置づけるのです。この「ひさしぶりの自発的な政治運動」は、もっぱら利害や権力というより道徳から活動している、それによってこの世代は、活動の楽しさという経験をつけ加えたのだ、と。アーレントは、当時の動きを「協同の活動の経験」「参加への情熱」「活動する喜び」を発見したというかぎりで、つまりアーレントのいう公的な活動、公的な事柄への参加としての政治的なもの、〈活動（Action）〉の復活という意義をもつという点で評価しているのです。

新しい運動が打ち出した唯一の前向きなスローガン、すなわち全世界にこだまして、洋の東西を問わず反抗の最も重要な公分母を成す「参加民主主義」の要求は、革命の伝統における最良のもの――一八世紀以来あらゆる革命でつねに挫折してきたけれども、それらの革命から生み出された唯一真正なものである評議会制度――に由来している。[1]

ところが、「公的な行為や公的な事柄への参加の必要が国家ともども『消滅して』しまっているような社会を目標にしていた」マルクスやレーニンを奉じることで、そうした実践をおこなっているはずのかれら自身が混乱をもちこんでしまっている。そう彼女はみていました。

アーレントはこの混乱を、権力と暴力の峻別によって理論的に整理しようとします。一般的には、権力があからさまに行使される場合には、それがしばしば暴力としてあらわれるというふうに考えられています。たとえば、権力の行使があまりに一方的で強制的である場合、わたしたちは「暴力的」と形容しますよね。しかし、アーレントにいわせれば、理論的には、権力は目的それ自体であり、暴力はあくまで道具にすぎません。「[権力は]ただたんに活動するだけでなく、[他者と]一致して活動する人間の能力に対応する。権力はけっして個人の性質ではない。それは集団に属するものであり、集団が集団として維持されているかぎりにおいてのみ存在しつづける」。なにやらむずかしい表現ですが、権力は、複数の人間が存在すればそこに発生するものであり、善し悪しの判断以前における不可避の社会生活の条件です。人間が協同の活動をいとなむ場である公共性には必須の要素なのです。アーレントの議論は、権力を暴力と同じように道具的に解釈する通念を拒絶し、「公的事柄と支配の業務」とを峻別することにむけられています。したがって、権力と暴力とは背反すること、暴力は権力を破壊するものであることが強調されます。この区分は、さらに権威、強制力といった概念によって補強されます。詳細な検討はできませんが、次に考えてみるミシェル・フーコーの権力、暴力、支配の区別と交錯する側面もあります。それはともかく、アーレントは実践のうちに存在するポジティヴな側面とネガティヴな側面を批判的に示そうと試みました。資本による実質的包摂や、核兵器のもたらす破滅的な軍事状況、政治的な領域を侵食する〈社会的なもの〉、つまり福祉国家的な生の管理などなどの挟撃がもたらす〈政治的なもの〉の衰退に対し、この時代の学生たちの運動のうちに公共性をひらく契機が存在していることを知らせながら、その暴力にまつわる混乱がせっかくみずからがひらいた当の公共性を解体してしまうのだ、と警告することです。

アーレントのこの区分は重要なものですが、留保が必要です。アーレントへの批判の典型でもあるのですが、ユルゲン・ハーバーマスは次のように述べています。「アーレントは、政治を経済的・社会的条件との結びつきから切りはなすことで、戦略的要素を『暴力』として政治からすべて選別するという代価を支払っている。政治は、行政システムを介してその条件のなかに埋め込まれている。それに、構造的暴力という現象を把握できないでいる」。構造的暴力という観点がないというのは、政治や公共性の領域を、社会的なものなどのもろもろの要素からの「汚染」をふせぐために、暴力もろともすっぱり排除してしまったという弱点からくるものだとおもいます。暴力論としてはかなり致命的ですが、協同の活動である政治の外部に暴力を追放するということは、せんじつめれば公的なものと私的なものの切断の反映でもあるのです。

アーレントの議論の長所も短所も、この「古典性」にあります。わたしたちの文脈では、一九六〇年代後半から問われはじめたのは、まさにこのアーレントの「古典的」な議論の前提なのです。アーレントの暴力についての議論が、なにかを可視的にさせるという利点をもちながらも――これについてはのちにすこしふれます――どうしても重要なところで的を外してみえるのはそのためだとおもいます。たとえばパンサー党の実践をみるならば、そこで起きていたことは、アーレントの予想を超えていたようにおもわれます。劇的に表象された武装のイメージのむこう側には、コミュニティの「オルタナティヴな行政」が展開されていたのですから。それは、アーレントの議論のすり切れたところから出発したものでした。すなわち、資本による実質的包摂と福祉国家的な生の管理という挟撃がもたらす〈政治的なもの〉の衰退が、もはや古典的な政治のモデルではなんらの寄与もできない実定的な変容ととらえられていること、生そのものが支配の力に捕獲されているのなら、生のありかたそのものを闘争の焦点にさだめ、そして変えていこうというような道筋であることです。〈活動〉の配分される公的な領域と〈活動〉の不在である私的な領域、それらの境界を横断して、〈活動〉の領域が拡散し変転をみせていったともいえるかもしれません。

2　ニーチェの仮面をかぶるフーコー

一九六〇年代の暴力や非暴力をめぐる実践や理論的沸騰は、いくつかの力をめぐる積極的な理論を生みだしました。デモから落書きにいたるまで街頭において多様なかたちで試みられた直接行動は、時代のうねりの核心をつかみながら、もう一度、理論上でその線をひきずりだそうとする試みを生みだしたのです。一九六〇年代から七〇年代のはじめにかけての暴力や権力をめぐる実践のなかからあらわれた知的格闘は、確実にあたらしい理論のための源泉となりました。このあたらしい潮流を貫くひとつの命題をあげるとすれば、こういえるかもしれません。クラウゼヴィッツの転倒。すなわち、「戦争は別の手段をもってする政治の延長である」[1]ではなく、「政治は別の手段をもってする戦争の延長である」、あるいは「平和は別の手段をもってする戦争の延長である」。この転倒は、理論の展開にしたがって微妙な変化をみせるのですが、ここではそれは問いません。[2]ある意味で、それはマキアヴェッリへの回帰でした。諸勢力による変転うずまく近代イタリアの端緒にあって、マキアヴェッリの問いは次のようなものでした。社会のなかの抗争《コンフリクト》が、決して超越的な主権によって克服されうるものでも、されるべきものではないとしたら、むしろその抗争を中心にすえた社会のあり方こそ構想されるべきだということ。たとえば『政略論』におけるマキアヴェッリの課題は、紛争を維持することによって民衆の力が最大限に発揮される共和制の構成です。このような思想の水脈においてこそ、敵対性や政治的なものが中心的主題になったのです。ここでは、それぞれの仕方で力について考察をめぐらせた二人の思想家をとりあげてみましょう。

哲学者ニーチェとミシェル・フーコーによるその現代化の試みです。

一九六八年前後のこと、あるイギリスのロック歌手が皮肉に歌ったように、みんなが革命をやりたがっているか、少なくとも、なんとなくみんなが世界を変えたがっている空気でした。だが冷静に考えてみると単純な疑問が未解決であることがみえてきます。変えるというけれども、いったいなにを変えるのか？　人々はいったいなにを変えたがっているのだろう？　そもそも、だれもが自由になりたいというが、人が自由である、自由ではないとはどういうことでしょうか？　そもそも人が人を支配するということはどういうことでしょうか？　あるいは、人が支配的な力に服従するとはどういうことだろうか？　多様な欲求と主張は錯綜しているが……と、フーコーは嘆いてみせます。実践というかたちではその答えは提起されているにもかかわらず、時代がかったスローガンなどによって重大な発見は忘却されがちだ、と。

こうしてミシェル・フーコーはニーチェに接近していくのです。それまでのフーコーとニーチェの関係も、もちろん密接だけれども、いまだあいまいなものでした。とくに六〇年代後半には、その都度の時代を規定する思考の可能性の場をひらく人間・社会諸科学の言説編成のルールを踏査し、「構造主義者」として一躍シーンにおどりでたミシェル・フーコーです。あの「力への意志」の教説のニーチェとどうむすびつくのでしょうか？　一九七一年にこれまでのじぶんにいったんケリをつけ、あたらしい方向へむかうためのマニフェストであるかのように「ニーチェ・系譜学・歴史」というニーチェ論を発表したあと、フーコーは直接にニーチェの仮面をかぶるのです。もちろんそれは「仮面」だから、かれがニーチェにどれだけ本当に近いかどうかは問題にはなりません。というか逆説的なようですが、そのように考えることで、なおいっそうフーコーはニーチェに近づくのです。

フーコーは、「力の思想家」ニーチェを仮装することで、かつての研究対象だった言説の秩序、ルールの編成を、力のバトルの場に埋め込んでしまいました。相対的に自律しながらも、系譜学に包摂される考古学。そうしておいて、近代の権力のはたらきに対する問いを開始するのです。

フーコーは権力とはなにか、とは問いません。むしろ、権力とはどのように作用しているか、と問うのです。ふつう権力はモノのようにやりとり可能なものであると考えられてます。あいつは権力をもっている、AからBに権力がゆずりわたされた、こういうふうに使われます。しかし、フーコーはこういう考えはやめるべきだといいます。ニーチェとおなじように、フーコーも存在と力とを同義であると考えるのです。わたしたちはすでに力なのです。だから、人が複数存在すれば（あるいは個体そのものがすでに複数の諸力の編成体なわけですが）すでに力の量的差異、さらに質的差異が発生し［権力のゲームが稼働しはじめます。「おい、そこのメガネのおまえ、パンを買ってきてくれないか？」「わかってるのか、あいつは、社長のむすこだぞ」「申しわけありませんでした。わたしにこそパンを買いにいかせてください」。こういうふうな、安物のコメディ映画のように、力の差異はときには柔軟に変動し、支配をはじめとした人のあいだの関係性を変転させます。しかしたいていの場合、人は、権力を考えるとき、モノと人の関係を軸にイメージしがちです。（権力者による）能動的作用を受動的にこうむるだけのモノ（としての権力なき者）のように。そうすると人は、権力を「保持している」人間、機関さがしで満足してしまいがちになってしまいます。あの人間を打倒すれば、あの国家という機関を奪取すれば、あたかも自動的に世界は変わっていくかのように。もちろん、そうすることが世界を変えていく過程で必要な場合もあるのは当然です。しかし本当にそれだけでよいのでしょうか？　たとえばかつて「現存社会主義国」と呼ばれた体制はどうでしょう。言論の自由に対する強い制限はもちろん、政治犯や同性愛者を精神病者としてみなし収容所に監禁したり、男性による女性の支配、人種差別も……などなど。国家や生産過程のかたちをいじったとしても、それが即、人が自由になることにも、支配をなくすことにもならないし、ましてや世界を変えることにはつながらないのです。

では、フーコー（＝ニーチェ）にとって権力とはどんなものなのでしょうか？　いくつかのポイントをあげてみましょう。

(a)　権力とは戦略的に行使されるゲームである。

サッカーのゲームを想定してみたいとおもいます。圧倒的に優勢に攻めているにしても、そのチームは突然、後半のロス・タイムに一方的に劣勢だったチームに攻め込まれ逆転されてしまうかもしれません。一方のチームがゲームを「支配する」ということは、「支配の状態にある」だけで、そのマクロな状態はいつでも逆転する可能性をはらんでいるのです。なぜかというと大域的なレベルでの「支配」の状態——国家が安定している、とか社会がまとまっている、「治安」がいいとか——は、じつはおびただしい局所的な力の行使によって支えられているからなのです。ディフェンスはみずからのまわりの帯域が直接的な攻撃にさらされていない時点から、優秀なオフェンスの選手にはりついてそのプレイの可能性を狭めたり、相手のパスのコースをあらかじめ予想して動いて、ありうる攻撃パターンを消したりします。その一方で、こうした微細なディフェンスのふるまいによって支えられている「支配の状態」も、局所的な揺らぎによって変化する場合があります。たとえば、フォワードがディフェンスにフェイントをかけたり、審判のみていないところでディフェンスを（肉体的に）「ケズって」一時的に動きを鈍くさせたり。そこに局所的に揺らぎが生まれ、ボールがうまく送られる。こうして大域的な「支配」の状態は一挙に転覆するかもしれないのです。チームがいかにディフェンスをズタズタにされたとしても転覆という〈出来事〉はその可能性を枯渇させることはありません。なぜそうなのかというと、人が「力」を完全に剝奪されたり没収されることはないからであり、あくまでサッカーのゲームにおいては、力の行使は戦略的状況のなかでしかありえないからなのです。

(b)　権力は他者に直接・無媒介に作用するのではなく、現実の行為に対して、現在あるいは未来に起こりうる行為に対して作用を及ぼす。

サッカーのゲームでは、あのフォワードが点取り屋で危ないからといって、縛って動けなくしたり、殴って気絶させたりすることは禁止されています。問題は、プレイヤーを打倒してピッチの外に追放することではなく、いかにそのプレイ、つまりボールを出したり、ボールを受けとったり、スペースを動きまわったりする行為にはたらきかけるかなのです。おなじように、殺したりあからさまな暴力を行使したりすることは、権力の作用としては周縁的なものです。暴力と権力が区別されるのはここにおいてなのです。暴力は強制し、屈服させ、拷問にかけ、破壊し、すべての可能性へ通じる扉を閉ざすものです。暴力をこうむる側は、受動的たりうるだけであり、行使する側も、もしなんらかの抵抗に阻止されたら、それを最小限度にする以上の選択はありません。他方で、権力は、人間の身体そのものではなく、まず行為の可能性の領域にはたらきかけます。サッカーでもそうでしょう。相手選手に直接に物理的力を行使するのではなく、いかにして本来は豊かであるはずのプレイの可能性を切り縮め、脅威とならない特定の範囲に封じ込めるか、が問われるのです。権力のゲームにおいても、人を縛って拷問したり、破壊したりすること、つまり物理的な強制力の行使はもはや本来の権力とはいえないのです。

だから権力の行使は、行為しか知らないといえるのです。とはいえ念頭においておかねばならないのは、権力の作動のうちには、行為と行為の主体を切りはなしつつ、そのプロセスのなかで、プロセスを通して行為を管理するということがあるということです。

ニーチェは『道徳の系譜』で「稲妻が光る」という民衆の迷信について言及しています。ニーチェはこういいます。とかく人は空に放たれた閃光の背後に、稲妻（あるいは「雷さま」）という行為主体を想定しがちだが、しかし、じつはそこには光るという動詞的活動しかないのである。しかるに、人は人間の活動の背後に活動主体をみいだしてしまいがちだ。これもおなじような錯視なのだ、と。しかし、これはたんなる幻想ではありません。権力は「知」とむすびつき、制度的実践と知の実践でもって主体を包囲し、あたかもその主体を実体であるかのように形成しながら、行為の可能性を切り縮めるのですから。たとえば、おまえは「同性愛者」だから、おまえは「異性愛者」だから、おまえのふるまいはかくかくであるべし、というようなかたちです。それによって、人の性活動の多様でありうる可能性の領野は狭くさせられ、しばしばきびしい取り締まりの対象ともなるのです。

(c)　支配する者が「強い者」とはかぎらない。[3]

ニーチェがいうには、現に支配している状態にある者が称えられるべき「強者」なのではありません。強者の肯定的な力は、のちの議論でいうとポリスの秩序の内部で他人を見渡しながら自分の位置を測定してホッとしたり、優越感にひたったりするようなたぐいのものでは決してないのです。要するに、どんな強力な独裁者だろうがサラリーマンだろうが社長だろうが、足に鎖をつけられた囚人だろうがビル・ゲイツだろうが、「奴隷」は「奴隷」であり「強者」は「強者」ということです。むしろ、現にある状態での「力」を意志するような欲望——競争社会で勝ちてえなあ、とか——は「ニヒリズム」の産物にほかならない。つまり「しょせん世の中こんなもの」と「ニヒった」根性から、「さよう、さよう」と弱々しく現実を肯定するロバのせこい発想です。そうではなく、「力への意志」は力を意志するのではなく、ただ力そのものの意欲のことなのである、こうニーチェは断言します。

しかし「弱者」なのに、どうして勝利し、支配の状態を維持することがあるのでしょうか？　かれらはどんな戦術を使うのでしょうか？　ひとことでいえば、それは「引き算」です。みずからの力を足したりかけたりして、力を自律的に増幅させつつ勝利するのではなく、他者の力を引き算して、人のなしうる可能性から力を引き剝がしてしまうこと、要するに、ひたすら「足を引っ張る」ということです。がっちり固めるだけの守りの戦術が、ブラジルの獅子のサッカーに勝利することもありうるのであり、それはクリエイティヴなプレイを封じ込めることによって、つまりかれらの際限のない可能性を剝奪することで達成される、というようなものです。

たとえばフーコーは、もっともニーチェ的な試みといえる『監獄の誕生』という著作で、近代の権力のはたらき方を（「規律権力」と定義されます）このように説明しています。

規律・訓練は〈効用という経済的関係での〉身体の力（force）を増加し、〈服従という政治的関係での〉この同じ力を減少させる。一言でいうならば、規律・訓練は身体の力（pouvoir）を解離させるのであって、一面では、その力を〈素質〉、〈能力〉に化して、それらを増大しようと務める、が他方では、〈体力（énergie）〉ならびにそれから結果しうる〈強さ（puissance）〉を反転させて、それらを厳しい服従関係に化すのである。[4]

これこそまさに力の経済学です。人はいったん、なしうる力を引き算されて、そのうえで、生産の場では力を最大限に使用するように求められ、政治の場面では反乱などしないようにその力を最小化するようにはたらきかけられ、それによって飼い慣らされる。力は唆されたり、意志阻喪させせられたり。さらにここでは先ほどみたように行為者と行為とがまず分離されています。このような、政治的力の面では最小化され、生産の面では力を最大化させられる行為者は、近代では「労働者」という仮面＝主体を与えられました。この「労働者」はたとえていえば、ボールをもたされてさんざん動かされるものの、決してゴールは許されないというかたちで、巧みにディフェンスされつづけるという命運をたどることになります。

(d) 権力は次のようなかたちで作動する：「逆転するさまざまな力の関係、奪い取られる権力、つかみ直されこれまでの利用者に対して逆につきつけられる語彙、弱まり、弛緩し、自身に毒を与える支配、仮面をつけて登場する別の支配……」[5]。

力関係は逆転に充ちています。では、どのようにして逆転や転位が起きるでしょうか？ ゲームのルールをつくることがひとつあげられます。つまり権力は、禁止したり制限したりするネガティヴなはたらきにとどまらず、なにかを積極的《ポジティヴ》に生みだすこともあるのです。ここで「真理」とか「知」が重要な契機となるのです。ルールを作成して、それを「真理」として強要することで、ゲームをみずから有利なように仮構することです。たとえば、ニーチェのいう「貴族」はただただみずからを肯定していました。みずからの攻撃欲、快楽、もろもろの欲望などなど。しかし「奴隷」たちは、「慎ましさ」こそ、つまり「禁欲」こそ理想であるというゲームのルールを作成してしまいました。すると、みだりに快楽を求めること、快活に笑うこと、言いたいことを言うこと、それはもはやそのゲームのなかでは罪と化してしまったのです。そしてそのゲームに万人を巻き込んでしまうことで奴隷は勝利するのです。奴隷たちがかつて嫉妬しうらやんだ貴族たちの快活で自由なふるまいは、当の貴族たち自身にとっても罪悪感なしにはなしえなくなるのだから。そこに「道徳」あるいはキリスト教の「卑しい」由来がある、こうニーチェは批判しました。このような、たとえば、欲望やふるまいをめぐる複数の解釈どることこそ、ニーチェにとっての系譜学でした。フーコーのいうようにまさに「歴史は低いところから始まる」のです。

フーコーも『性の歴史』では全三巻を通して近代から古代ギリシアにさかのぼりながら、性をめぐるこうした逆転・意味転換をたどり直しています。それはもっと詳細にニーチェの作業を発展させることでもありました。たとえば、少年愛がみとめられていたとされる古代ギリシアですが、しばしばイメージされるように、性的に解放されて自由だったなどということはありません。そもそも少年愛自体、きわめて制約の多い諸条件を充たしながら成立するものでした。古代ギリシアにも禁欲的実践はあるのです。

でもそれは、のちのキリスト教の支配によって流布した禁欲とは異なります。古代ギリシアにおける禁欲的実践とは、「貴族」がただみずからの力を肯定し誇示するためのものであって、神への冒瀆や罪悪とはかかわりなかったのです。しかしそれが時代をくだるにつれ、ヨーロッパがキリスト教化して、性欲をめぐる罪と罰というゲームの空間のなかにそうした慣行が再編成されると、人はその「真理」を通じて飼い慣らされ他者に服従することになるのです。古代ギリシアでは能動的な力の実践だった禁欲は、キリスト教のゲーム空間のなかでは反動的な力の実践に化してしまうわけです。そしてそれは、さらに解釈替えをこうむってはいるが「精神分析」にまで貫いている力のゲームではないか、とフーコーは考えるわけです。「神は死んだ」が、それは反動的な力のさらなる凱歌であるとニーチェが考えたように。

(e) 権力は自由なしにはありえない／可能な乗り越えとしての批判

フーコーの権力論は抵抗を不可能なものにする「権力万能論」だという批判もしばしばありますが、ここからするとそれがいかに不当であるかがわかるでしょう。フーコーは晩年にあらためて自由こそが権力の作動の条件であると強調しました。プレイヤーが自由に動けるという前提がなければサッカーのゲームがはじまらないように。フーコーが権力論へおもむいたのは、圧倒的に敵に有利な情勢を見据えながら、局所的な自由がマクロな支配状態を転覆させるための力にいたるまでの条件を探るためでした。それはミッドフィルダーが、情勢のなかで敵の弱い環を察知しパスで形勢を逆転しようとするような作業にたとえられるかもしれません。それでいて、情勢を読むということは自分たちの自由の布置をも察知することにほかならない。「敵を知り、己を知れば百戦危うからず」（孫子）ですね。フーコーは晩年にみずからのいう「批判」を啓蒙の伝統のなかに位置づけながら次のように定義しました。

> 必然的な制限のかたちで行使される批判を、可能的な乗り越えのかたちで行使される実践的批判へと変えること。[6]

この一節は次のようにもいいかえられます。勝敗の決まったように見える状況を偶然の産物に変貌させ、乗り越えうる可能性の地点を指示すること。

フーコーにとって、みずからのパスを拾って得点にいかせるかどうかはあくまでフォワードやチーム全体にゆだねられます。フーコーはみずからの理論をだれもが必要なものがあれば取りだし自由な道具箱と形容しましたが、その意味で、フーコーには〈出来事〉〈転覆〉への、ということは〈大衆〉――フーコーはその〈出来事〉を引き起こすことをやめない人々の一要素を「平民的部分」と形容しました――への圧倒的な信念があるのです。だからかれは予言もしないし、「対案」がなければ黙るしかない、などということもない。それこそ〈出来事〉への不信のあらわれなのですから。これは「意志のオプティミズム」というよりは「理性のオプティミズム」というべきです。ニーチェが狂気を代償にたどりついたきわどい場で、フーコーが狂気への突入をふみとどまるのはこの「理性のオプティミズム」のおかげなのです。

3　敵対性と〈政治的なもの〉

いまふれたように、フーコーは権力のゲームの限界をなし、権力のゲームを転覆にさらす要素を、一九七〇年代の後半には「平民的部分」と形容しました。「〈La〉 plèbe はおそらく存在しないが、〈de la〉 plèbe［いくらかの plèbe 性］は存在する。もろもろの身体や、もろもろの魂のなかに、いくらかの平民性はある。それは、諸個人のなかにも、プロレタリアートのなかにもいくらかあるし、ブルジョアジーのなかにもある。……こうした plèbe の部分は、権力関係の外部というよりは、その限界であり、その裏面であり、その跳ね返りなのである[1]」。

plèbe とは、もともと古代ローマ共和国における階級闘争のなかで貴族との差異のなかで民衆をあらわす概念ですが、くだって下賤の者というニュアンスもふくまれます。ブラック・パンサー党の実践はあきらかにフーコーの七〇年代の理論展開のうちに残響を感じとることができるのですが、その有名なスローガンに、「すべての権力をピープルに（オール・パワー・トゥ・ザ・ピープル）」というものがあります。この「ピープル」は、日本では民衆とか人民とかつては訳されていましたが、そこには、エリートと対比された階級性が程度はどうあれ含意されています。しかし、一方で、たとえばトマス・ホッブズにおいて、しばしば指摘されるようにピープルとは、ひとつの意志によってまとまる同質的な集団性です。ホッブズは「群集」すなわち「マルチチュード」という概念をそれに対照させました。ひとつの意志に収斂することのない雑多でまとまりに欠ける集団性を指す言葉です。もちろん、ホッブズは後者には悪意をもっているわけですが。とすれば、ブラック・パンサー党のいうピープルは、そこに「ルンペン・プロレタリアート」もふくまれるわけですから、ホッブズでいえば「マルチチュード」の性格を帯びた集団とみなすべきです。それゆえ、このスローガンは、次のようなピープルという語の二重のふくみをよく示しているとおもいます。つまり、階級的な抗争のもとにある人々を示唆すると同時に、政治的行動や組織からそもそも排除された人間の集合体という意味をもつ、ということです。ピープルは、フランス語ではプープル、イタリア語ではポポロ、つまり近代ヨーロッパ諸語においては、この言葉はつねに、還元不可能な二義性をもっていました。[2]ロベスピエールは、「人民、この不幸な者たちが私を称える」という有名な言葉を残しましたが、プープルとは、すなわち「不幸な者」だったのです。そしてここでは、ピープルという語は、ネーション（国民）とおなじように代表可能な人間の集合体であると同時に、当該の体制において代表されない排除された人々――たとえば、移民、「非国民」、「二級市民」、「異常者」などなど――の集合をも指すのです。ピープルにとって、ただひとつの境界の確定した参照対象は存在しません。ピープルとは、その共同体に包摂された人々と排除された人々の二極間の複合的総体、あるいは二極間の振動なのです。パンサー党によるスローガンは、ピープルという概念に内在するこの動態をねらっているのです。

ここで、ポリス、すなわち広義の行政などもふくめた「ポリス」の論理とポリティクス、つまり政治の論理を分けねばなりません。これはジャック・ランシエールというフランスの哲学者によるものです。その議論はギリシア哲学に遡る複雑なものですが、ここでは最低限、必要なかぎりでふれておきます。[3]ポリスとは、人々をすでにある地位や役割に配分し、固定させるものです。行政機関や警察がつねに、主体に「呼びかけ」ながら、そうした機能を行使していることはわかるとおもいます。他方、この哲学者は古代ギリシアの伝統に遡行しながら、ポリティクスあるいは——それとイコールなのですが——デモクラシーを次のようなものと考えます。ある社会において排除された人々（参加をこばまれた人々）が、むしろその社会の普遍的な利害を代表すると宣言することで、当該の社会のあり方、あるいは人々の語り方、あり方、知覚の仕方などを揺さぶるようなものである、と。なんとなくこれだけではイメージしにくいかもしれませんが、ここでわたしたちは水平社宣言を想起すればいいとおもいます。人間の冷酷や残酷をもっとも知るわれわれだからこそ、もっとも人間性の原理を熱望し希求するのだ、つまり、人間性から排除されていたからこそ人間性そのものを代表できるのだ、というものです。この宣言は、日本の民衆すべての利益たりうる水平である社会を求め、日本社会のヒエラルキー（ポリスです）を根本から揺さぶりをかけるという意味で、政治的なものです。ということは、それ自体で政治的な行為というものはないということです。じっさい、当該社会の秩序の一角に食い込むことを目標にするのか、それともその秩序自体を問うのか、という分岐点は、社会運動にはきわめてよくみられることです。また、戦術のレベルにもこの区分はあてはまります。おなじストライキやデモンストレーションでも、ポリスの論理にとどまる場合もあれば、その秩序を揺るがすことで政治的な性格を帯びるものがあるのです。

ここでもうすこしランシエールに即してみます。ランシエールは次のような事例をあげています。かつてオーギュスト・ブランキは、裁判でおまえの職業は、と問われて「プロレタリアート」だ、と答えました。ここが、政治が生じる地点なのです。つまりここでブランキがおこなったのは、あなたの職業は？　というポリスの論理のもとでの問いに対抗して、〈政治的なもの〉の論理を導入したのです。ここでブランキのいうプロレタリアートは、特定の輪郭をもった職業集団や特定の階層を指示しているわけではありません。階級イコール特定の階層への帰属とする発想、あるいは生産関係における位置によって規定されるという発想は、ポリス的なものであり、ポリスの秩序に属するものです。それに対し、政治的意味での階級はそれとはまったく異なるものになる。かつてマルクスが『ヘーゲル法哲学序説』でいったように、プロレタリアートとは社会のなかの一階級ではない階級、「数えられざる（incompte）」計算外＝配慮外の存在、「分けまえに与ることのできない」排除された部分なのです。まさに無産階級――無であり、それゆえにすべて、つまり普遍的である階級です。プロレタリアートとは、「抗争のオペレーターであり、数えられざる者を数えあげるための名、あらゆる社会集団の現実に重ねられた主体化の様式」である。

ポリスの論理が人々をアイデンティファイし、孤立させ、分断し、位階秩序を立てることで機能するとすれば、政治の論理は平等を持ち込むことで、そうした一見したところ安定した秩序を揺さぶります。ランシエールによれば、「政治が生じるためには、ポリスの論理と平等主義の論理の出会う地点が存在しなければならない」。プロレタリアートが特定の位階秩序のなかの一階級と解釈されると、そこでは、すなわち特定の秩序のなかでの、それを前提としたうえでのたんなる分配争いになってしまいます。福祉国家は、そうした（脱）政治の論理を残響させています。それは、排除された者のなかに、包摂可能な部分と排除すべき部分の分割線をひきながら、排除すべき部分を国内・国外の周縁に移転することによって、ポリスの論理で守られた空間を成立させました。そしてその空間の大きな再編成、分割線のひき直しが生じているのが現在なのです。

ただし、ここでランシエールの議論をあえてひいてきたのは、以下の分類を、これからの話で使いたいというのが最大の理由です。ランシエールにならって、〈政治的なもの〉を中和し脱政治化する複数の言説戦略をここであげておきます。[4]

・アルシ・ポリティクス：共同体主義タイプの脱政治化。ここで人が帰属するのは閉じられて有機的に組織された同質的な共同体である。したがって、そこでは政治的な出来事は生じえない。

・パラ・ポリティクス：リベラリズム・タイプの脱政治化。政治的抗争《コンフリクト》を受け入れはするが、それを承認された党派／代表間の競争へと再定式化する。ホッブズから現代ではロールズ、ハーバーマスにいたる潮流。

・メタ・ポリティクス：マルクス主義タイプの脱政治化。階級闘争のような政治的抗争は肯定されるものの、それはべつの場面（つまり経済的過程）の影にすぎず、さらに究極の目標は、政治の消去にある。

そして、スラヴォイ・ジジェクはこのランシエールの区分にもうひとつ、つけ加えています。それはカール・シュミット[5]の友／敵理論です。シュミットは、政治的なものを友／敵を分割するふるまいである、という点で敵対性の次元に位置づけますが、しかしそれもやはり政治的なものを否認しているというのです。

・ウルトラ・ポリティクス：政治の直接の軍事化を介して抗争を極端にまで押しあげることで、抗争を脱政治化させる。

第二部　反暴力の地平　主権、セキュリティ、防御

こういう国民国家なるものは、
われわれの頭上を脅かす全般的
な危険と不安定さを増大させる
要因の一つにすぎず、しかも
長期間にわたってそういう要因で
あり続けるだろう。
（ニーチェ）

農民が道路を破壊したり隘路を
遮断する場合、これに対して攻撃側の
軍隊の前衛や側衛が使用する手段と
農民の集団が使用する手段では、
ロボットのぎこちない運動と生きた人間の
自由な運動との違いのように
大きな差異がある。
（クラウゼヴィッツ）

第一章　セキュリティ——恐怖と暴力

1　恐怖という病

キング牧師には、「恐怖の治療法」というすごく示唆的なテキストがあります。[1] タイトルにあるようにキングは、そこで、恐怖を治療すべき病とみなしています。冷戦構造のもとで独特の形態をとっていたアメリカ社会への恐怖という感情の蔓延をとりあげながら、キングはそれをひとつの「病」とみなしています。恐怖は、次々と増殖していって果てしがない。「恐れというのは、抑制されないと、あらゆる種類の恐怖症を次々に産み出していくものである—すなわち恐水症、高所恐怖症、閉所恐怖症、孤独恐怖症、対人恐怖症、等々—そして、こういったものが累積すると、最後には恐怖恐怖症というか、恐怖自体に対する恐怖というようなものにおちいってしまう」。まさに現代の日本でならば、この言葉は実感できるのではないでしょうか。

しかしだからといって、あらゆる恐怖を克服せよ、とそんな単純なことでキングは終わりません。というより、まさしくその命題こそ、病としての恐怖のきわみである「恐怖恐怖症」――恐怖することを恐怖する――に、人をみちびいてしまうものです。キングは恐怖の積極的な二つの機能をあげています。まず恐怖は人間が危険を察知しそれにそなえることを可能にする、生き延びるために不可欠な感情です。そしてもうひとつ、恐怖は創造的です。たとえば暗闇への恐怖が電気の秘密の発見の源泉になったし、苦痛への恐怖は医学発展の原動力である。つまり「どの偉大な発明や知的進歩」もキングによれば、「ある恐るべき環境や条件から脱出したい欲望に端を発している」のです。

　だから問題はこうなります。人間の精神をむしばむ恐怖を、積極的な機能をはたす恐怖から、つまり「悪しき」恐怖を「良き」恐怖から区別すること。フロイトを引用しながら、キングはまず恐怖を正常な恐怖と異常な恐怖に分類します。フロイトの事例らしいのですが、正常な恐怖とはたとえばアフリカのジャングルの真ん中でへびを恐れることであり、異常な恐怖とは町なかのじぶんのアパートで、じゅうたんの下にへびがいるのではないかとノイローゼになることです。さらにキングは、ある心理学者の説として次のようにつけ加えます。正常な子どもはただ二つの恐怖、つまり落ちる恐怖と大きな音に対する恐怖の二つの恐怖のみをもって生まれるのであり、それ以外の恐怖はすべて環境から獲得されたものである、というもの。キングはこの分類にほとんど賛成しながら、異常な恐怖は「内面生活を毒し歪める」といいます。

　しかしもう一度確認しておきますが、恐怖はそれが正常であるならば、人間を保護し、

「個人的・集団的福祉」を改善させるようにしむけるものなのです。恐怖を除去するということはこの大事な人間の機能まで手放すことになる、とすれば、問題はむしろ恐怖をてなずけ、飼い慣らすことなのです。

キングはその処方箋としていくつかのポイントを指摘しています。まずひとつは、恐怖に直面して、みずからの恐怖の原因を知ることです。恐怖をまえにして逃避や抑圧をするのではなく、恐怖を直視して、なぜ恐怖するのかを自問しなければならないのです。そうするならばほとんどの恐怖が、子どものころの不満や心配の残滓であることがわかるはずだ、というのです。まさにフロイト主義者としてのキングです。次に、勇気をもって恐怖を抑制すること。これはわかりやすいですね。「勇気は、一定の対象によってつくり出された恐怖を自分にとり入れ、それによってその恐怖を征服してしまう」。人間の生には不意の事故や病など困難はつきものですが、勇気はそんな「人生のなぞを秘めた悪と苦痛」にもかかわらず自己を肯定する生の力である。つまり、勇気は死や苦痛といった否定的材料もまる抱えでみずからの生を肯定する力だというのです。

三番目に愛です。新約聖書の「愛には恐れがない、完全な愛は恐れを取り除く」という一節をくり返しつつ、キングは、意義深い指摘をしています。人種差別や戦争の原因と一般的にみなされる憎しみのさらなる源泉には、恐怖があるというのです。たとえば人種差別は、「優先的な経済的特権の喪失、社会的地位の変動、雑婚、新しい状況への適応などに対する非合理的な恐怖に支えられている」。憎悪とその原因である恐怖を取り除こうと、抑圧したり、無視したり暴力に訴えかけても、ますます恐怖は深まるばかりである。それを治癒するものは愛しかないのだ、となります。愛は先ほどキングやマルコムXについてふれたところでもでてきました。そして最後に信仰です。キングは精神療法の効果もみとめながら、なおそれがおよばない領域もあるのだといいます。それは「実存的な不安の中に表現される死や、虚無、無価値などに対する恐怖」であり、信仰によってしか充たされないのです。

2　恐怖の転位

これらのキングの主張には、疑問も多々あります。たぶん、多くの人にとって信仰に最終的解決を求めるわけにはいかないでしょうし、信仰がまた恐怖と暴力を生みだすことにどのように対処すればいいのかわかりません。とはいうものの、基本的にはとても重要なテキストです。その意義を理解するためには、まず、歴史的文脈を知らなければなりません。アメリカの人種差別の問題は先ほどふれました。ここでは人種差別と恐怖との関連を考えてみます。

おそらくキングはこのテキストで、ひとつには当然のことですが黒人のなかの恐怖をふり払おうとしたのでしょう。しかし、それよりも直接にターゲットにしたのは白人を中心にした主流社会の恐怖だとおもわれます。というのも、その恐怖はキングの区分にあてはめるならあきらかに「異常」であるからです。

ここでもうひとりのキングに登場してもらいたいとおもいます。ロドニー・キングです。一九九二年四月二九日に爆発したロサンゼルス暴動（地元の黒人たちはロス蜂起といいます）とこの名は不可分のものとして記憶されています。この「暴動」はアメリカの歴史でも最大規模のものとなり、五日間で死者五五人、一一〇〇以上の建築物が炎上か崩壊してしまうという事態にまで拡がりました。そのきっかけは、一三ヶ月前のある出来事にさかのぼります。ロドニー・キングという当時二五歳の黒人青年がロス郊外を車でドライブしていたところ警官に呼び止められ、殴る蹴るの暴行を受けたのです。警察の蛮行（police brutality）と呼ばれるこうした出来事は黒人街では日常茶飯なのですが、この事件にはひとつ違ったところがありました。ジョージ・ホリデイという配管会社の経営者である白人男性が、この出来事をたまたまビデオで撮影していたのです。さっそく、かれはロス市警にテープを送りつけ、この出来事を報告しようとしますが、拒絶されます。それならば、と、テープを地方テレビ局に送りつけます。そこで火がつきました。やがて全国レベルで報道され、大きな事件へと発展していくわけです。

この映像は、この年に公開されたスパイク・リー監督の『マルコムX』の冒頭に、アメリカ社会を激しく告発するマルコムによるスピーチのバックで使われています。そこでぜひみずから確認してほしいのですが、キングは、警官たちにとり囲まれ、約八一秒のあいだに五六回も殴られた、といわれています。たしかに、キングは、地にはいつくばったまま、パンチ、キック、警棒で延々と暴行されつづけます。それに加え、二度スタンガンでやられています。結局、ほお骨や足首を砕かれ、九箇所の頭蓋骨骨折、眼窩障害を受け、顔を二〇針縫うという重傷を、かれは負いました。

ところがこの事件の裁判では、四人の警官は無罪放免に終わります。この判決がくだされたのが、九二年四月二九日、つまりロス暴動が発生した日なのです。このおもいもかけない判決は、黒人たちにとってショックでした。そしてつもりにつもった怒りを爆発させる契機になったわけです。

それにしても、どうして四人の警察官は無罪になったのでしょうか。この裁判の陪審員はすべて白人でした。じつは裁判所をどこでおこなうかは、地域住民から陪審員を選出するアメリカにおいて、裁判の行方に重大な意味をもちます。攻防の結果、シミ・バレイという黒人住民二％程度の地域の裁判所に移管されたのです。その結果、陪審員の人種構成は白人ばかりということになってしまった。とはいえ、ここまで「明白」な事実をつきつけられれば、多少の人種的偏見は突破していくようにみえます。ところがそうではありませんでした。おどろくべきことですが、じつはこのビデオテープは警官たちの「無罪」の証拠としてもちいられたのです。

キングが打ちのめされてグロッキーであることはだれの目にも「明白」であるようにみえます。だからこそ、日頃は警察によるハラスメントに泣き寝入りせざるをえないことが多い黒人たちには、期待も大きかった。ところが、警官の弁護団の側は、このビデオをこまかく分析しながら、攻撃を受けているのは警察の側であることの証明としてもちいたのです。ロドニー・キングの身体は、攻撃をやめなかったら、いまにも飛びかかって逆に暴力をふるいにくるおそるべき身体として表象されたのです。

ここには想像的な転倒（imaginary inversion）とでも呼ぶべき動きがあります。このような転倒は、とりわけ人種差別やナショナリズムのなかに「マジョリティの恐怖」のリビドー経済としてあらわれます。すなわち、力関係でいえば「強者」（しかもしばしば圧倒的な「強者」）に属する側が、「弱者」に属する側によって圧倒的な力で包囲されているかのように恐怖する、という心理的に転倒してあらわれる構造です。こうした転倒の動きはさまざまな創作物でよくみられます。最近では、映画『GO』にそういう場面がありました。朝鮮学校の女子学生を好きになった日本人の男子学生が、その女子学生にいいよろうとして近づいていきます。しかし、おそらく日本人のいやがらせをこれまでいくども経験していたためかこの女子学生は怯えてしまう。それをかたわらで見ていたおなじく在日の男子学生は、彼女をまもろうと割って入ろうとします。ところが、この日本人の男子学生は、その女子学生をまもろうとする動き、攻撃性の一切ない動きに怯えて刺殺してしまうのです。まさに、ここにもマジョリティの恐怖が作用しています。その恐怖は、在日朝鮮人を暴力的な存在とみなす流布された物語によって促進されたものです。この日本人の学生は、女子学生をナンパするだけのことなのに、「危ない」からと友人たちに、あらかじめナイフをわたされていたのですから。

似たような例をあげると、ホームレスについて、よく「一般市民」が怖がっているという表現がなされます。しかしホームレス自身の書いた詩や俳句のような表現を読むと、その生活のかなりの部分を恐怖や不安が占めていることがわかります。つまりかれらのほうがより切実に、「一般市民」や若者、警察に生命の危険すら感じながら生き抜かねばならない状況がよくわかります。そして若者や「一般市民」による暴力はよく報道されますが、その逆はほとんど耳にしたことはないはずです。少なくともその質量とも、圧倒的に暴力的なのはホームレスに対する「普通の」「マジョリティ」の側でしょう。しかし、にもかかわらずホームレスの方こそ恐怖の対象としてイメージされる。そしてそれによって、「一般市民」による暴力や、行政の有無をいわさぬ、しばしば暴力すら活用した排除が正当化されたり、過小に表象されたりするのです。

ここには「マジョリティの攻撃性」あるいは「マジョリティの兇暴性」とでも呼びうるような、ひとつの典型的な暴力の発現形態があるようにおもわれます。その特性は、くり返しになりますが、力において優位にあり、暴力を行使する側が、力において劣位にあり、暴力を行使される側に力の優越と暴力の加害を帰属させてしまう「転倒」です。この転倒こそが人を容易に暴力的にさせてしまう仕掛けなのです。

ジュディス・バトラーはこの転倒を分析しています。[1]「百聞は一見にしかず」ということわざがあるように、通常、伝聞に比べて視覚が圧倒的に確実であると考えられています。しかしこの視覚という通常もっとも「明白な」証拠として想定されている領域すら、この転倒の機制を克服することはできない。バトラーによれば、それは、視覚的表象の領野がひとつの物語によって構造化されているからです。この幻想は長い伝統をもっています。アメリカ合衆国には、黒人の強大とされるペニス幻想があります。黒人の強靭な性的能力から白人女性はまもられなければならないという観念が、マジョリティ男性にとり憑いているというのです。それはよりつきつめれば境界の不安です。一九世紀の後半に miscegenation という言葉がアメリカで生まれます。ラテン語の混ぜる（to mix）を意味する misceō に人種、種族、種（race）を意味する gen（us）とを合わせてつくられた造語です。雑婚、人種混交などと訳されます。ＯＥＤ（Oxford English Dictionary）では「人種の混合、とりわけ黒人と白人の性的結合」と定義されています。アメリカのジャーナリストであるデヴィッド・グッドマン・クローリー（一八二九―一八九）が一八六四年に匿名で発行した七二頁たらずの小冊子（タイトルは"Miscegenation: The Theory of the Blending of the Races, Applied to the American White Man and Negro"）のなかでもちいたのです。ちょうど、この一八六四年がリンカーンによる奴隷解放宣言の翌年（ないし翌々年）であるという点が象徴的です。この小冊子は、黒人と白人の雑婚を称えたもので、南北戦争における北軍の、ひいては共和党の目標のひとつはこのすばらしい雑婚を促進するためのものだから支持しなければならない、と主張したのです。なぜ雑婚は称えられるべきものなのか？　パンフの著者によれば、純粋な人種よりも人種が交わったほうがより優秀な種になりうるから。このパンフは当初、奴隷制廃止論者たちに好評でしたが、一般的にはだんだんと、リンカーンの共和党は雑婚をすすめようとしているという悪評になって流布していきました。じつのところ、この著者のねらいはそれだったのです。著者はきわめつきのレイシストであり、雑婚を称え、南北戦争のもくろみはそこにあるのだ、と提示することで、共和党と奴隷解放の評判を落とそうとしたのでした。このエピソードからは、奴隷を解放し、黒人と同等の市民となるということがいかに白人のアイデンティティの境界に脅威を与えていたかがわかります。

奴隷解放以来、南部を中心にアメリカでは白人による黒人のリンチが相次ぎました。ある大学の調査によると、一八八九年から一九四〇年のあいだに三八三三人がリンチを受け（これはあきらかに控えめな数字です）、その九〇％が南部で殺害され、犠牲者の五分の四は黒人です。白人への侮辱、罵り、あるいは車を買った、生意気だ、というような理由でもおきました。とりわけ黒人男性は、白人の女性に声をかけたり、ましてやつきあったりしたら言語道断、目が合っただけでも、レイプの意志があるということでリンチされることもあったのです。新聞にリンチの予告記事がでたり、リンチを見にいくことが家族の娯楽となっていた場合もありました。

miscegenationという造語が示唆するのは、人種差別がつねに恐怖という成分をはらんでいるということです。それが殺人をふくめた暴力を触発し、さらに正当化するのです。いわば国境のなかの国境を取り締まる主権的な機能をはたす警察は、このイメージの図式のなかでは、「白人性（ホワイトネス）」を「予防的」に防衛するものです。だから、かれら自身の暴力は暴力としては認識されないのです。警官の暴力は、なんといってもロドニー・キングの（現実には行使されていない想像上の）「暴力」の方こそがひき起こしたものなのですから。警官たちは人種にまつわる空想のなかにいます。もちろんそれは物理的な帰結をもたらす空想ですが。これをバトラーは「ホワイト・パラノイア」と呼んでいます。その空間のなかで「想像的な反転」が、つまり、みずからの人種的な攻撃性が他者のものとして転倒して想像されるという事態が可能になる。その空想の「外側」に立ってみれば、そこで展開しているのはたんに警官による一方的な暴力にすぎません。他者にあてがわれる「粗暴さ」はまさにみずからに負わされるべきものにすぎない。しかし警官たちは、空想の空間のなかで、その「粗暴さ」をみずから実現し、同時にそれを他者にズラしてしまうというアクロバットをやってのけるのです。まさにこのロドニー・キング事件には、アメリカが国家単位で世界に行使している暴力の構造がみてとれるでしょう。みずからが口をきわめて非難する核爆弾をはじめとする大量殺戮兵器や化学兵器を、ほとんど他を圧倒して大量に使いつづけているのはまさにアメリカ国家自身であるという例ひとつとってみてもあきらかです。

　国家による暴力がつねに「予防対抗暴力」として正当化されることの仕組みも透けてみえます。戦争は、それがどんなに侵略的性格のものであることがはっきりしていても、「自衛」を口実になされます。だから戦争とは逆説的ですが、根本的に反戦的なのです。とすれば、戦争に本当に反対するのならば、この論理をくつがえすところまでいかなければならないのです。

3　肛門と暴力

これまで考えてきたことからすれば、この警官による殴打は、ロドニー・キングへの性的攻撃でもあるということにもならないでしょうか？　すでにダウンして横たわるキングに立ちはだかって殴打する警官たちのふるまいは、バトラーのいうように「去勢、あるいは欲望された性的攻撃性への処罰」でもあるようにもみえます。はいつくばる対象の尻、つまり肛門をねらって何度も叩くこと。それは、相手を性的に受動的な立場に強いつつ、辱めるというふるまいの反復でもあります。だからその殴打には性的リビドーが備給されているのです。一九世紀のリンチにおいても、とくに白人女性との関係がからんでいる（とみなされた）場合、去勢、すなわち当該黒人男性のペニスを切除する――さらにそれを死体の口にくわえさせておく――という損壊行為はよくみられたといいます。リンチはこのようにしばしば性愛的な色彩を帯びるのです。ホワイト・パラノイアのなかでは、ネーションの境界線外にある黒人が、空想された〈享楽（jouissance）〉を白人から奪って所有していることへの処罰がリンチなのですから。つまり、連中さえいなければ味わうことのできるはずのオレたちのこのうえない至福を連中が不当に奪うのだ、というわけです。かれを性的に貶め、叩くことは、この至福の〈享楽〉を空想的にとりもどすことでもあります。人種差別やナショナリズムのなかにはこうしたメカニズムが作動しています。ここではこれ以上検討はしませんが、リンチや警察あるいは警察の暴力にしばしば猥雑さがともなうのはそのためです。暴力や残酷にまつわる「悦び」の次元です。

ところで、ここでは「男らしさ」の問題についてもっと考えてみます。第一部第一章であげた、あの二つの物語にも「男らしさ」への執着と暴力とのむすびつきは示唆されていました。

これについて、最後にまたふれたいのですが、暴力をめぐる傑作映画『仁義なき戦い』と関連して考えてみたいことがあります。この映画の脚本家である笠原和夫は、任俠映画から実録映画の転換をみずからみちびいた人なのですが、かれは脚本を書くにあたって実際のやくざにおびただしい数の取材を重ねています。そのかれの回想には興味深いところがあるのです。そのひとつが、あまりやくざへの感情移入がないところです。というか、やくざ的なものの理念型への愛着がないというほうがいいのでしょうが。むしろやくざの現実がその理念型にもつ距離から生まれる「ズッコケ」に愛着をもっていたようなふしがあります。映画で主役をはるような俠客とは、まさにこの理念型の体現者です。しかし笠原は〈任俠精神〉にはリアリティをまったく感じられず、任俠ものであっても俠客になってない、と会社からは批判されていたといいます。任俠とは笠原によれば、「男の中の男」であると定義されますが、しかしそんな人間は見たことも聞いたこともない。たしかに「それらしい男はいる。若いときは心酔して、この人の為ならと思った人物は何人かいたが、あとで考えてみたら、見事にこちらが利用されていただけ、という連中でしかない」。そこから笠原は、「男らしさ」などフィクションであり、実体はどこにもない、と結論をくだすのです。[1]

また、『昭和の劇』という長大なインタビュー本のなかで、刑務所ではいわゆる「おかまを掘られる」ことが日常的であり、それから暴力的になる人も多いと指摘しながら、次のように述べています。「殺人という異常行動は、やっぱり自分が一度、本当の被虐者になったことがないとできないんですよ。要するに、自分が受けた屈辱を跳ね返したい——つまり、男になりたいと……やっぱり暴力というのは、男が自分の勃起力を自覚した時、初めて生まれるものでね……」[2]。

そこから『仁義なき戦い』はインポテンツの男の映画なのだ、という話に発展していくのですが、ここで笠原がいおうとしているのは、暴力の発生するときは、理念的な「男らしさ」とみずからの「無力（不能）」の亀裂を埋めようという運動があるのだ、ということだとおもいます。みずからの「無力（不能）」とされる状態の否認です。ここはいわゆるドメスティック・ヴァイオレンスの問題とも関連しているのかもしれません。

最近では、男性性と戦争の関連も指摘されることがあります。たとえば、ロナルド・タカキ（『アメリカはなぜ日本に原爆を投下したのか』）によれば、[3]第二次大戦中にアメリカ大統領だったトルーマンが日本に原爆を投下する決断をくだしたひとつの背景には、トルーマンの「男らしさ」への固執がありました。トルーマンは、つねに「男らしさ」の欠如の不安に悩まされていたらしいのですが、それには子どものころから、「意気地なし」といわれ「女の子のようにあつかわれていた」過去があった。それからというもの、成長の過程でつねに「弱虫」とみなされないよう「男らしい」決断力と行動力を示すことに、かれは腐心するようになり、とりわけ大統領就任後、外交政策の尺度のひとつを「男らしい行動」というイメージにおいていたというのです。このことが原爆投下の唯一の要因ではありえないでしょうが、しかし、少なくとも決断を容易にしたのだとしたら、「男らしさ」への執着の底知れぬ恐ろしさもみえてくる。ここでもまた、アメリカ合衆国独特のマチズモ文化が文脈としてとり囲んでいるのでしょうが、トルーマンはつねに「男らしさ」への不安を抱えていたからこそ、それをさらに促進させたのです。そういえば、第一次湾岸戦争のパパ・ブッシュもまた、「男らしさ」の欠如したイメージに悩まされた人だったように記憶します。

一九七〇年代のはじめ[4](一九七一年)に加川良というフォーク歌手が「教訓I」という反戦歌をつくりました。

命はひとつ　人生は一回
だから　命を　すてないようにネ
あわてると　つい　フラフラと

御国のためなのと　言われるとネ
青くなって　しりごみなさい
にげなさい　かくれなさい

……

命をすてて　男になれと
言われた時は　ふるえましょうよネ
そうよ　私しゃ　女で結構
女のくさったので　かまいませんよ
青くなって　しりごみなさい
にげなさい　かくれなさい

「女のくさった」とか、このもともと女性に対してマイナスの含意のあるフレーズをそのまま利用したところで怒りをおぼえるむきもあるかもしれませんが……「男」ならば雄々しく戦えという規範を拒絶し、「女々しく」あることを積極的に提唱したこの唄は、たんに反戦平和のみを主張するのではなく、日常のなかの「男らしさ」のゲームと戦争との必然的むすびつきをとらえ、そのゲームから脱落することを戦争反対とむすびつけたより射程のひろいものでした。この唄は、当時、武装主義をエスカレートさせていた新左翼の一部にむけられたものでもあるかもしれません。さまざまな記録を読むならば、あの連合赤軍内部の殺人も、その背景にこうした軍事主義があったことは確実です。

ただし、いまや第一次大戦、第二次大戦あたりで頂点に達した近代的総力戦のように、たとえば成人男子のほぼ全員を駆りたて兵士として徴用する、というイメージから戦争も変容しつつあります。戦争のハイテク化が限定的なピンポイント式の攻撃を発展させている。またアメリカでは徴兵制から志願制にかわり、今回の湾岸戦争では軍隊の構成に階級や人種の要素が露骨にあらわれたものでした。つまり、軍隊を構成するのは、アメリカ社会で生きていくメリットをつかもうとする志願兵であり、たとえばかつてのベトナム反戦運動のように、徴兵カードを焼く、兵役拒否をする、というような戦争反対の戦略——そこでは「脱走」「逃走」がそのまま戦争をおこなう力に対抗する力であったのです——が意味を失っています。もちろん、徴兵が全般的に消えるというのではないのですが、このことは戦争をめぐる一般的趨勢を示唆しているのではないでしょうか。

政治学者のシェルドン・ウォーリンはいまのアメリカを'inverted totalitarianism'(逆・全体主義あるいは反転した全体主義)と分析しています。[5] ウォーリンによれば、いまのアメリカは無制限の権力への欲求と攻撃的な膨張という点でナチズムとおなじだけれども、手段と行動の点では逆転している。たとえば、ワイマール期ドイツでは、街頭は全体主義的な「ごろつき」で占められていて、デモクラシーは政府のなかにしかなかった、しかしいまのアメリカでは街頭がもっともデモクラティックで、暴走する政府がもっとも危険である。さらに、かつてのナチ支配のもとでは、政治体制に「大企業」が従属するのはあたりまえだったけども、いまは企業権力が政治を支配している。そんな条件のもとでは、ナチの全体主義が大衆に力や強さの感覚を与えようとしたのに対し、いまの逆・全体主義は弱さや集合的むなしさの感覚を助長する。ナチスが、住民に積極的に体制を支えるよう要求するのに対して、逆・全体主義は政治的な動員解除と投票の棄権を求めるのです。それが、アメリカにおいては二大政党制のもとでの民主党の保守化と、投票率の低下をともなっている。日本にも現象上ではまさにあてはまります。政府の暴走だけじゃなく、街頭もデモクラティックとはあまりいえないというところが違うかもしれませんが。かつての工業期における総力戦体制では動員はネーション総体の「力」や「強さ」の増強につとめていたし、それが戦後の「民主化された」体制においても福祉国家へと変貌を遂げながら連続性を維持しているという議論もありました。しかしネオリベラリズムの統治において、ネーション総体の底上げは放棄され、「勝ち組」「負け組」のあいだのはっきりとした線引きと社会保障や教育などさまざまな領域で「負け組」の無力化が明確に戦略化されつつあります。

こうした文脈がなおさら、いま支配的であるような「男らしさ」から脱落することをイコール「無力」であること、あるいは力の拒絶とむすぶことを危うくしている可能性があります。しかし、現にある「男らしさ」に批判的に距離をとることは、力を拒絶することと直接にはむすばれない。それは女性の解放闘争の歴史が物語っていることかもしれませんが。いまあるゲームのなかで「無力」を選択することは、べつの力のゲームを創造することにつながっているでしょう。たとえば、いわゆるインポテンツは「無力」そのものであって、欲望や快楽のゲームに参加する資格の剝奪だと一般的には考えられています。この発想が、インポテンツと暴力をむすびつけるのかもしれない。しかし、一方で、性道(??)の追求者たちについての書き物などを読んでいると、インポテンツであること、あるいはそれに近い状態であることから、あたらしいゲームを開発し、欲望と快楽のはるかに豊かな道を歩んでいる人たちもたくさんいる。「男らしさ」も決してただ力の解放なのではなく、人を束縛する力の封鎖と規制のひとつの形態なのです。

4　統治形態としての恐怖《テロル》

キング牧師は、恐れの増殖とその際限なさを指摘していました。「マジョリティの恐怖」の例からも、恐怖が現実の危険とはかならずしも相関関係がないこと、しかし、というか、であるがゆえに「理性」によって歯止めをかけることが困難であることがわかります。都市論者のマイク・デイヴィスはその著作『水晶の都市』で、ニューヨークについて、次のようなある論者の言葉を引用していました。「恐怖を証拠だてるのは恐怖そのものでしかない」[1]。マイク・デイヴィスはさらに次のように指摘します。社会が脅威をおぼえるのは、現実の犯罪率の高さというよりもセキュリティという概念の流通の帰結なのだ、と。たとえばロスのサウスセントラルやワシントンDCのダウンタウンの有名なインナーシティ・ゲットーのように、現実に暴力事件が急増した場所であっても、それがこのゲットーの境界線を越えて死体があふれだすことはない。つまり白人中産階級は、じっさいにはそれを見もしなければ聞きもしないのです。しかし、調査によれば、ある郊外の住民はワシントンDCのインナーシティの住民とおなじ程度、暴力犯罪を不安に感じている。暴力の頻度は二〇倍も違うのに、です。デイヴィスは、さらに分析をすすめます。メディアは、犯罪者の下層の人間や病んだストーカーというイメージを撒き散らし、「モラル・パニック」をひき起こしながら、都市の「経済的暴力」をおし隠し「アパルトヘイト」をさらに確固たるものにしながら正当化する、というのです。

すこしべつの視角からの分析もみてみましょう。この本の著者であるアメリカで一九九九年に出版された『恐怖の文化』という本があります[2]。この本の著者であるバリー・グラスナーは、アカデミー賞を受賞したマイケル・ムーア監督のドキュメンタリー『ボウリング・フォー・コロンバイン』にも登場して話をしていました。アメリカ合衆国はなぜ、とりわけ近年、恐怖にとり憑かれているのか、しかもその恐怖がしばしば誤ったものなのか、これがこの本の問いです。そこで提示された手短な答えは、「道徳的不安を利用し、シンボリックな代理物を与える人々には莫大な権力とお金が待っている」というもの。あっけなくもみえるかもしれませんが、きわめて重要な点です。不安や恐怖は商売になるし、人をうまく動かすための決定的なフックなのです。『ボウリング・フォー・コロンバイン』では、コロンバイン高校での銃乱射事件の犯人だった高校生たちが愛聴していたということから、陰の加害者として矢面に立たされたマリリン・マンソンもおなじことをコメントしていました。マンソンによれば、「メディアの望む恐怖の生産法」がある。まずテレビ・ニュースが、エイズ、洪水、殺人事件などを怒濤のように報道することで恐怖をたっぷりと視聴者につめこんだあと、CMに移るやいなや、身だしなみやセキュリティにかかわる商品が売り込まれる。マンソンによれば、それは「恐怖と消費の一大キャンペーン」であって、それこそがアメリカの経済的基盤ということになる。

『ボウリング・フォー・コロンバイン』のすぐれたところは、「銃社会アメリカの病理」などというありふれたアプローチよりずっとふみこんで、現在の社会あるいはより普遍的に近代社会の存立の仕掛けそのものに接近しているという点にあるとおもいます。たとえば銃所持者の数だけをとってみればカナダの方が上である、ということはカナダも「銃社会」です。にもかかわらず、銃による殺人はアメリカの方が圧倒している。なぜだろうか？　それはこの社会が恐怖をつねに掻き立てつつ、隣人への不信を煽りつづけているからです。そしてそのことは、経済的保障の劣悪さとむすびついているのです。

この作品は、日本では、イラク戦争もあってちょっとした反米的雰囲気のなかで、アメリカ問題、つまりアメリカ特有の病をえがいた作品として受けとられる傾向がありました。しかしまさにマイケル・ムーアがあぶりだすアメリカは、銃という契機さえほとんど存在しないとはいえ、恐怖と不安の煽りとイメージの洪水のなかで軍事的側面を突出させていく日本の鏡像です。外国人、テロ、ピッキング、北朝鮮、BSE、SARS、鳥インフルエンザ、中国の経済力などなど、わたしたちはいま、いやというほど恐怖のつめこみにさらされています。それによって、小さなパニック状態が恒常的に演出されているのです。

映画のなかで、グラスナーが次のような指摘をしています。アメリカの殺人率は二〇%落ちているのに、ニュースで殺人事件が報道される率は六〇〇%増加している、と。[3]メディアに接していると信じられないことですが、日本はいま、世界でも殺人率はほぼ最低であり、しかもずっとくだりつづけています。戦後だけをみれば、一九五〇年代をピークにしてくだりつづけている。さらに日本の場合、若者の殺人率がきわめて低いことが他国と比較してきわだっています。それでも一九五五年には「グローバル・スタンダード」に見合っていて、二〇代前半の殺人率が群をぬいて大きかったのです。それがいまでは中高年の殺人率が比較的たかいという、これも世界できわめてめずらしい現象がみられるとされています。[4]しかしわたしたちがメディアに接するなかからえられる印象は、凶暴化して殺人をも軽々とやってしまうようになった若者の増加というものです。そしてその責任は、戦後教育、「行きすぎた」人権、などという根拠の乏しい、というよりも露骨に政治的につくりだされた原因に押しつけられるのです。

これは二重のごまかしといえるでしょう。窃盗や強盗のような一般刑法犯は戦後最多といえる状況にあるのでしょうが、これほど長引く不況、あるいはリストラを常態化し保障を容赦なく削減するという、構造的に「負け組」を大量に排出するシステムへ日本が邁進しているのであれば、しかも経済的困窮を原因とする自殺率が上昇しつづけている状況を考えれば、統計上からしてもますます軽犯罪が増えないという方がおかしい。もしいまの「治安悪化」の問題があるとすれば、それはなにより——あまりにあたりまえのことのようですが——まずここに求められるべきです。しかし、「恐怖の過剰生産」という現象は、不安の全般化をもたらしている仕掛けに、ひとをして直面させることは決してありません。長崎で小学生による幼児の殺害事件が起きたとき、ある保守政治家がその親は市中引きまわしに値する、と暴言を吐き、さらにそれに賛同する電話が多く寄せられた、と話題になりました。それに対してある作家が、ここにあるのは子どもが大事だというふりをした徹底的な子どもへの不信だ、とコメントしていた。それ以上であるようにおもいます。ここには不信のみならず憎しみすら透けてみえるのです（その原因のひとつは子どもは「空気を読まない」他者であるからだとおもいます）。

二〇〇三年のイラクへの爆撃が開始されるころ、テレビ報道をみていると、イラクを攻撃してもテロリズムの解決にはならない、という人はけっこういました。たしかにそれはまったく正当なのですが、でももっと邪推してみるとちょっと違うかもしれない。こんなことで「テロリズム」がなくなるはずがないことは、物事を因果的にながめる訓練をした人間ならだれでもわかるはずなのです。とすれば、これはむしろ失敗をねらっているのかもしれない。つまり、かれらのいうところの「テロリズム」なんてなくならなくてもいい。「権力は失敗して成功する」とは、ミシェル・フーコーがかつて刑務所の分析をしながらいった言葉です。刑務所は社会復帰という目標を掲げているけれど、その目標からすると刑務所というシステムは出来の悪いものなのです。というのは、近代刑務所の制度化以来、刑務所というのはむしろ犯罪者集団を生みだす母体にもなってきたのですから。よく映画や小説では、刑務所で仲間ができて、ますます犯罪者として磨きがかかる——たとえば、かたぎが刑務所でやくざと盃をかわし兄弟分になるとか、刑務所でチームを結成して出所したあと一緒に銀行を荒らしまわるとか——などという話がありますが、刑務所は犯罪者養成所としての機能もはたしてきました。刑務所はその目標からすれば失敗した制度であるという批判は、近代の刑務所の歴史のなかでいくどもくり返されるのです。しかしこの失敗は権力の戦略にとっては成功なのだ、とフーコーはいうのです。それによって犯罪者を取り締まることが容易になるから。つまり、刑務所の失敗を通してこそ、秩序の閾上で、その容器からさまざまにあふれだす要素を、刑務所を介してカテゴライズし、管理することが可能になるからです。刑務所は法の論理でいえば法律違反者にすぎない者を「正常ではない者」というカテゴリーに変換し、分類・管理可能にするのです。じっさい、これはだれもが直感的に知っているように、権力は直接に合法か違法かのコードにしたがって行動するかといえばそうではない。たとえばおなじことをしても捕まりやすい人間とそうでない人間がいる。ありていにいえば支配層とどれほど近いかによって、ある行為が犯罪とみなされるか、ひいては逮捕されるか、起訴までいくか、は左右されます。権力はむしろ合法／違法というカテゴリーを活用しつつ、違法なふるまいもふくめた人々の活動総体を、空間の配分や「犯罪集団」との「癒着」を通して管理するのです。この近代の権力に内在する欺瞞を、小説や映画は飽くことなく物語創造の源泉として活用してきました。

それを考慮にいれるならば、たとえばこの間、ネオリベラルなグローバリゼーションの進行のなかで、構造調整政策が世界中のかなりの国々を崩壊状況におとしいれているわけですが、ここにも同様の構造をみいだせるかもしれません。構造調整政策の失敗はいくども指摘されているし、うまく機能したためしなんてたぶんない。借金の肩代わりとひきかえに、世銀やIMFが書いたメニューに沿った急激な規制緩和と社会保障の削減によって、貧困層が激増し、さらに現地経済が解体され、はなはだしいときにはたとえば最近では二〇〇一年のアルゼンチンにみられるように国家を解体させるほどの失敗をもたらしているわけです。しかし失敗であることはいくども指摘されこまかな修正はくり返されながらも基本線はゆずらずにつづけられている。ここでも、権力は失敗をそれそのものとして戦略に組み込んでいるからではないか。つまり明示的な目標からみたら失敗である事態を成功に変貌させているのではないでしょうか。なにに成功しているのか？　第一部第一章でみた「廃棄可能な人間」の生産と、ふつうであれば例外状況にしか可能でないような法治国家の原則をかんたんに越えることのできる、暴力をより自由に活用できる統治実践の形成に、です。

おなじことをあてはめるなら、今回のイラク戦争もあきらかに失敗です。イラクを攻撃しても、その口実であったはずの大量破壊兵器がみつからないことはおろか、「テロとの戦争」としてもなんにもならない。これもよくいわれるように、「テロリスト」たちを逆に養成して、ターゲットはアメリカである、と高らかに宣言しているようなものです。合理的に考えれば、「テロリズム」の根絶にはあきらかに失敗をするはずだ。しかしこの失敗は成功であるかもしれない。どういうことかというと、何度やっても失敗するであろうテロリズムとの戦争によって、アメリカはいわば「統治形態としての恐怖《テロル》」を戦略的要素のひとつとして活用できるのです。

テロリズムの歴史をひもといてみると、[5] いまこの言葉がもちいられる場合、一八世紀の終わりにこの用語が生まれたときとは意味を反転させていることがわかります。つまり、現在、テロリズムといえば、国家に対抗する者、支配体制に対抗する者のある種の行動様式を指しています。しかしもともとこの語は、フランス大革命の過程における、ある時期のジャコバン体制のことを指していた。つまり国家の体制のことを指したのです。一七九八年のアカデミー・フランセーズの事典の補遺がはじめてテロリズムを定義したといわれていますが、それによれば、テロリズムとは「恐怖のシステム、体制（système, régime de la terreur）」です。ジャコバン派は、演説や書き物のなかでみずからについてふれるときに、この言葉を積極的な意味でもちいていました。フランス革命後、海外からの侵略と国内の反乱におびやかされていたときに、国家は例外状態を宣告し、国家公安委員会が集中的に権力を握ったわけです。もっとも民主的に委任された執行権力が、みずからのおもうがままに力をふるうという逆説がここで生まれます。ロベスピエールたちは革命の敵とみなした人物を、通常であればふまねばならない司法的手続きをも抜きに次々と断頭台に送ったのです。それがテルミドール九日（いわゆるテルミドール反動以後）以後、犯罪というふくみをともなったののしり言葉にかわります。そしていまでは、レッテルとしてあまりに濫用されるため、ほとんど意味を失ってしまい、であるがゆえに、みずからが非正当化し、犯罪化したい政治的活動に投げかけるたぐいの、暴力をまじめに考えようとするならば、もっとも警戒すべき用語になりました。

フランスは、恐怖政治体制の指導者であったロベスピエールらを断頭台に送りこみジャコバン派を排除することで、テロル的統治様式から「通常状態」に復帰しました。しかし、現在のこの「テロとの戦争」は何度も失敗することによって、永続的に例外状況を演出するかもしれません。それによってアメリカは、グローバルな利害と国家の利害とを完全に一致させながら、もはやなににも制約されないという意味で無限の権力をもつ、世界レベルの単独の執行者としてふるまうことができるのです。アラン・ジョックスは次のようにいっています。「もし紛争しあう文化的アイデンティティのあいだの相互的な死の脅威が消失し、圧倒的な一方的で完全に非対称的な脅威にとってかわった場合」、ナチ時代にも比すことができるような、「政治的暴力がおぞましい合理性や情念なき組織とともに展開しうる」[6]状態があらわれうるのです。

5　不安と恐怖

さて、こうした分析のむこう側に突き抜けて、次のような問いをたててみましょう。この恐怖が根拠もなく、底が抜けたように、いま自己増殖していく傾向をもつのはなぜなのか？　キングのたてた区別でいえば、もはや「悪しき恐怖」は「良き恐怖」との境界を失い、境界を凌駕して、際限なくわたしたちの生に侵入し深部から侵しているようにみえます。

おそらく、恐怖という感情のこの自己増殖的な性格を権力はつねに活用するのですが、どこかで枠づけもあった。おそらくこの枠づけが決壊したのが現代だと仮定できるかもしれません。ここで、ある区別を導入してみたいとおもいます。恐怖と不安です。この区分は、キルケゴールなどにさかのぼる長い伝統があります。たとえばハイデガーは、恐怖（peur）と不安（angoisse）のあいだを区分して、次のようにいっています。

> 不安の「対象」は、まったく無規定である。それが無規定であるために、世界の内部のどの存在者から危険が迫ってくるのかが事実上決定できないだけではなく、そもそもかような存在者は「問題にならなく」なっている。世界の内部で用具的にまた客体的に存在しているいかなるものも、不安がそれに臨んで不安を覚えているものではない。……したがってまた、あぶないものがどこそこから近づいてくるというような、特定の《ここ》や《あそこ》は、不安の眼には入らない。おびやかすものがどこにもないということが、不安がそれに臨んでおびえているところのものの特徴である[1](強調引用者)。

あるいはフロイトは、驚愕と恐怖、不安をそれぞれ区別します。それらは「危険に対する関係において十分に区別できる概念」というのです。

> 不安は、危険を予期し、危険に備える状態を指すが、この危険は未知のものでも構わない。恐怖には特定の対象が必要であり、この対象が恐れられるのである。驚愕はまったく準備していなかった危険に陥った時の状態を指すのであり、不意打ちの要因が強調される。不安が、外傷神経症を発生させることができるとは思えない。驚愕には、驚愕から防衛し、外傷神経症を防ぐようなものが存在する。[2]

フロイトにとって不安は、危険の未知性へのそなえであり、無規定な危険に対応するものですが、同時に人間の世界へのさらけだしそのものへの防御でもあります。ハイデガーにしてみれば、不安には対象がないということは、人間以外の動物が「環境」をもつのと異なり、人間という動物が「世界」をもつことと関連しています。人間にとって、みずからの存在を最終的に根拠づけるものはなく、世界は根本的に無意味であり、方向性をもちません。不安とは、そうした人間の無根拠性、方向喪失性をあばきだす感情である。だからこそ、不安という情動が対象をもち恐怖という情動に変容したとしても、その恐怖は次々と対象をみいだして際限がない。恐怖は不安という広大な真空地帯を抱えているがゆえに、いかなる対象にも、そして解消法にも満足せず、われわれの精神をむさぼりつくすこともあるのです。

「悪しき恐怖」と「良き恐怖」の区別が、もともと脆弱なものとはいえほとんど崩壊しているようにみえるいま、グラスナーの表現を使えば「根拠のない対象（wrong thing）」への恐怖がかつてなく増殖するのはなぜか？　ここでの区分を使うならば、いまやあたかも恐怖が不安に似てきているかのようなのです。つまり恐怖が同時に不安の性格を帯び、そのままで存在の無根拠性、方向喪失性を露呈させるかのようなのです。安全保障についてみるなら、一九世紀的なヨーロッパ公法は並び立つ主権国家を対象にしていたわけだし、冷戦期であれば西側は東側を、東側は西側をセキュリティの脅威と設定して対象にしていました。いずれにしても、安全保障は、かつてならば、原則的に対象のはっきりとした脅威を基軸に構築されてきたとおもいます。しかし冷戦以後、九〇年代半ばから、情報革命をフルに活用し、NSA、エシュロンなどといった情報監視機関のもとで、世界中の微細な監視・管理を妄想的といえるほど追求しているアメリカの安全保障政策は、その根拠をあからさまに対象のない脅威に、つまり脅威の対象があいまいであるという脅威に求めているのです。[3] こういってよければ、いまや安全保障が恐怖から不安へと足場を移しつつあるのです。冷戦期――つねに揺らいでいるものであり確固たるものではないとはいえ――この不安と恐怖の境界を形成していたのは、内と外の境界線でした。たとえば地政学的にいえば、東側に対する西側とか。しかしいま、冷戦の終焉とグローバリゼーションはこうした境界線を吹き飛ばしてしまいました。それによる恐怖と不安の重なり合い、恐怖と不安の区分線の消失という趨勢を表現する具体的フィギュアとしてテロリストとウイルスはまったく適任です。

しかしこの傾向があらわれるのはマクロな安全保障のレベルだけではありません。わたしたちの労働をおもいだしてみましょう。ネオリベラリズム的「改革」の進展とともに、いまや正規雇用と非正規雇用の区分線は解体しつつあります。終身雇用も衰退し、失業の一般化もそうだけれども、任期雇用、派遣労働など雇用形態が不安定化しているし、さらに賃金や保障などの労働条件も不安定化の一途をたどっています。ここでは失業というリスクが人々の経験のなかでもつ意味も、フォーディズムの時代とは変わってきているはずです。イタリアの思想家パオロ・ヴィルノは次のように指摘しています。

わたしが職を失うとき、もちろん種別的な恐れをひき起こす限定された危険に直面しているわけだが、しかしこの事実上の危険は規定されざる不安の色彩を直接におびる。それは世界に直面するもっとも一般的な方向喪失と混ざり合うのであり、絶対的インセキュリティとの集合体を形成するのです。[4]

とりあえず不安を絶対的インセキュリティに対応するもの、恐怖を相対的インセキュリティに対応するものと分類してみましょう。この絶対的インセキュリティと未規定な危険から、ひとを防御するものはひとつにはコミュニティです。さまざまなエートス、習慣、ルールによって囲まれた「実質的コミュニティ」。それはネーションだけではありません。地域コミュニティ、労働組合、サークルなどなど、国家と個人とを媒介する集団性が主要な機能を果たしていました。このコミュニティがネオリベラリズムの統治下における「市民社会の衰退」ともあいまって弱体化するとともに、「内と外」の境界線もますますぼやけていくのです。それにつれて、わたしたちが遭遇する具体的な危険が、あたかもコミュニティから弾きだされた人間が感じるような不安の色彩を帯びるようになります。ハイデガーのいう「居心地の悪さ」が、私的で内密な体験から公共的体験へと変貌するわけです。もともと、一九八〇年代あたりから世界で優勢なイデオロギーとなり、グローバリゼーションによってその君臨が既定のものとなったネオリベラリズムの統治においては、前節でふれたように「一般的な方向喪失」をもたらすカオスも統治の戦略のなかに組み込まれる傾向があります。

問われるべきは、危険あるいはリスクへの保障です。ヴィルノによれば、決定的であるのは、保障かカオスか、ではない。保障の二つの異なる戦略、対立する防御の形態のあいだの二者択一が問題なのであり、問題にすべきなのです。フロイトからすれば、不安そのものがすでに人間の精神へのダメージとなる驚愕からの防御だったし、根源的なマゾヒズム自体、防御の一形態とも解釈できる。最初にくるのは危険というよりも危険そのものを分節しうるための地平を形成する防御であるともいえるでしょう。どうして二つの保障が問われるのかといえば、特定の保障の戦略こそ暴力をはらんでいるからです。それについては、ここまでみたことからもいえるでしょう。たとえば、第一部第一章でみたように、政治上位的暴力も政治下位的暴力も、ともにリスクに対処する保障の戦略、あるいは少なくとも名目上はそれを掲げて行使されます。戦争もそうです。先制攻撃ですら、それは「防衛」が名目なのですから。ではいまの状況のなかで、保障と暴力の関係をどのように考えればよいのでしょうか。

第二章　防御と暴力——「ポスト人民戦争」の政治？

1　『バトル・ロワイアル』と社会契約論

もともと近代国家を規定していたのは、主権、暴力、セキュリティがからみあって特定の仕組みを形成するそのあり方であるといえるでしょう。もっと最初のほうで指摘しておくべきでしたが、ここで暴力にまつわる基本的な事実の確認をおこなっておきます。近代社会を特徴づける大きな要素のひとつは、暴力の国家による独占です。二〇世紀社会学の巨人であるマックス・ウェーバーは講演録である『職業としての政治』のなかで、「すべての国家は暴力の上に基礎づけられている」というレオン・トロツキーの言葉に同意を示しつつそれ以降スタンダードとなった近代国家と暴力の関連についての定義をおこないました。

そして実際今日、この暴力に対する国家の関係は特別に緊密なのである。過去においては氏族を始めとする多種多様な団体が、物理的暴力をまったくノーマルな手段として認めていた。ところが今日では、次のように言わねばなるまい。国家とは、ある一定の領域の内部で——この「領域」という点が特徴的なのだが——正当な物理的暴力行使の独占を（実効的に）要求する人間共同体である、と。国会外のすべての団体や個人に対しては、国家の側で許容した範囲内でしか、物理的暴力行使の権利が認められないということ、つまり国家が暴力行使への「権利」の唯一の源泉とみなされているということ、これはたしかに現代に特有な現象である。[1]

たとえば日本でも中世をおもいだしましょう。幕府のみならず各守護大名も暴力装置である戦争手段を有していましたし、寺社も独自の軍事力をもっていました。中央集権のすすんだ江戸時代ですら大名は独自の軍事力をもっていたのです。すなわち、最近にいたるまで、正当な物理的暴力行使は、社会の「多種多様な団体」のなかに分散していました。近代とはその暴力が国家に独占されていくプロセスによって定義されます。このようなプロセスを、思想的に正当化したひとつの潮流を社会契約論といっていいでしょう。この社会契約論は、ある重大な機能をはたします。それについて考える手がかりとして『バトル・ロワイアル』[2]という小説をとりあげてみたいとおもいます。この小説は、凄まじい暴力描写が物議をかもし、さらに映画化がそのイメージに拍車をかけましたが、きちんと読んでみるならば、暴力についてきわめてシリアスな問いが投げかけられていて、考えるためのヒントにあふれています。

まず、あらすじを説明しておきます。西暦一九九七年、東洋に全体主義国家が生まれています。大東亜共和国という「総統」を中心にした「国家社会主義」国であるとされていますが、朝鮮民主主義人民共和国の金体制と象徴天皇制下における日本社会が入り混じったような体制です。この全体主義国家が現在の日本社会の戯画でもあるようです。軍隊の名は「専守防衛軍」だし、経済的には「宇宙技術とコンピュータ」をのぞいて近代工業国としてアメリカに拮抗するぐらい発展している。朝鮮半島のおなじ全体主義国「南鮮共和国」が「四〇年で失敗」したのに対して、この国が生き残っているのは、強圧と統制のみをふりかざすのではなく高度な消費社会でもあって、巧妙なやり方で自由を多少残しているから、とされます。

この国では毎年、「プログラム」と称する戦闘シミュレーションがおこなわれていま す。全国の中学三年生を対象に任意の五〇クラスを選び、国防上必要なゲームをおこなうものです。クラスごとに実施し、生徒たちは与えられた武器でたがいに殺し合い、最後に残ったひとりだけが家に帰ることができる。主人公たちは、修学旅行中、突然、クラスごと高松市沖の小さな島に拉致され、このゲームを押しつけられます。そしてさあどうなるか、というストーリーです。

ひとたび勝ち残り、このゲームと国家をくつがえすためにもう一度ひそかにゲームに挑戦している孤独なゲリラ兵士である川田は、この国のあり方を「成功したファシズム」と形容します。それにしても、この「国防上必要な」「幸せゲーム」はなにを目標にしているのでしょうか？　川田はさらにこうつけ加えるのです。「このろくでもない椅子取りゲーム、たがいを疑わせ、憎しみ合わせるクソゲーム」。つまり目標は不信です。このゲームはひそやかにおこなわれるのではありません。ゲームの結果はつねに報道され、生き残った生徒は一躍、国の英雄になります。このようにメディアでの、選ばれた中学生たちのみならず、この国の人々に相互不信を植えつけることがねらわれているのです。このゲームによって、人は年に一度、次のような教訓を叩きこまれることになるのですから。どんなにふだん信頼しあっている友だちでも、人間、極限状態になれば殺しあうものなのだ、だから隣人とは徹底的に不信をもつべきものなのだ。そうするとどうなるのか？　隣人は信用できない潜在的な殺害者であるとすれば、われわれはより強い力によってまもられなければ不安でならない、ということになる。われわれ自身の力が、それこそたがいにみずからを侵害しあう力として、不信の源泉になります。そこでわれわれはみずからすすんでより大きな力にじぶん自身の力をゆずりわたすことになる。かくして、この大東亜共和国に住民はみずから安全をもとめて従属し、国家の支配的秩序のほうは「安定」をみる、というわけです。

　そこにある基本的な最小の動きは孤立化です。すなわち、人々をバラバラの個人へと還元し、解体してしまうことです。だから「全体主義」と個人主義とはじつは背反していない。というよりも、「全体主義」の前提が個人主義です——前近代には「全体主義」

はそもそも存在しません。孤立化し、無力になるからこそ、国家や独裁者に集約される統一的な全体性へと収斂することになるのだから。

これはじつは、近代の主権理論を根拠づけたトマス・ホッブズによる社会契約論のヴィジョンとも似ています――もちろん、ホッブズの議論はもっと精妙な仕掛けももっているのですが、ここではそれは大幅に犠牲にさせていただきます。ホッブズは『社会契約論』で次のように述べています。

> 人びとを平和に向かわせる諸情念は、死への恐怖であり、快適な生活に必要なものごとを求める意欲であり、かれらの勤労によってそれらを獲得しようとする希望である。そして理性は、人びとが同意する気になれるような都合のよい平和の諸条項を示唆する。これらの諸条項は、自然の諸法とも呼ばれるものであって……。[3]

ホッブズの社会契約論は次のような構造をとっています。

じぶん自身の生きたいという欲求である「自然」、すなわち、じぶん自身の生命を維持するために（自己保存）、みずからの欲するままに自己の力をもちいるという各人のもつ自由、自己保存の権利、すなわち自然権がある。

↓国家や政府、法律のない自然状態においては、各人は生きるためにはなにをしてもよい。

↓万人の万人に対する戦争。

↓ここでジレンマ――困った!!――というのも、自己保存の権利を追求すると自然状態、戦争状態におちいって、そもそもの自己保存も危うくなる、つまり自己保存を追求すると当の自己保存が危うくなる。

そこで自然法――一般法則である自己保存のための理性の戒律――が次のように命じる。

基本的自然法↓まず平和にむかって努力せよ！　それがだめなら、戦争などあらゆる手段を使ってわれわれ自身を防衛せよ！

第二の自然法（基本的自然法からみちびきだされる）↓自己保存のため、平和の獲得と自己防衛のために必要ならば、みずからの権利（自然権）――なにごともなしうる自由――の一部を、相互的に（みんないっしょに）すすんで放棄し、譲渡すべし！

それで契約↓しかし契約＝信約は、強制力をもって約束を履行させる「共通権力」がなければ意味がない。ここでリヴァイアサンという強大な権力の登場とあいなる。

はじめに「自然状態」があるとしたうえで、ホッブズはそれを「万人の万人に対する戦争」とみなします。ホッブズにおいては、死への恐怖が国家や法、モラルすべての土台にあるということは重要です。そうした発想にいたる時代背景として、世俗権力・対・宗教権力、そして議会・対・国王が入り乱れて悲惨な戦いをくり返していた一七世紀という内戦の時代がありました。ホッブズの課題は、この戦争状態を終結させることです。ホッブズの解決法は、内戦状態を人間の本性としてとらえることから出発することでした。とはいえ「死は最大にして最高の悪である」というような善と悪をめぐる理性的判断ゆえにではありません。そんなものはつねに反駁の可能性にさらされた脆弱なものです。ここにホッブズの近代性があるのです。すなわち、ホッブズにとって核心的であったのは、恐怖という感情であり情動です。まさに死への恐怖、死を逃れようとする情動こそ、人間のもっとも確実で必然的な衝動だからです。この不可避で必然的な衝動を、ホッブズは法と国家の源泉にすえたわけです。注意すべきは、この恐怖がつねに「相互的な恐怖」であること。つまりこの恐怖は、いわば「隣人の恐怖」であって、各人がみずからにとって殺人者となる可能性をもつあらゆる他人に対して抱く恐怖なのです。こうして、わたしたちは、二者択一、「カオス（死）か、それがいやならばリヴァイアサン（国家）への権利の譲渡」という二者択一のまえに、いやおうなく立たされることになるわけです。

かつて、ホッブズは絶対主義の擁護者かそれとも民主主義の擁護者か、という論争がさかんになされました。ホッブズが民主主義者として擁護される場合、生命の安全保障が理由としてあげられることがあります。たしかに、ホッブズの社会契約論の要が、人々の安全・平和であることはたしかです。しかし、むしろここが問題なのです。治安や国防が、そのまま民主主義を保障するわけではないというのはあきらかです。セキュリティはそれ自体は民主主義とはなんの関係もありません。民主主義がよく機能しているゆえにこそ、当該社会の安定をゆるがせにすることは当然よくあることです。だから、反民主主義的エリートは民主主義を怖れるのです。ここまで、セキュリティがきわめて深刻な暴力の原因でもあることはくり返し指摘してきました。問われるべきは、そのセキュリティの質であり、それが理論のなかで機能する仕方です。

こうしてみるならば、『バトル・ロワイアル』はアンチ・ホッブズの本です。川田の助けを借りてこの恐怖のゲームから飛び降り、大阪の梅田駅を警察に追われながら疾走する男女二人の中学生のえがく線は、また同時に、法や国家の土台に恐怖をすえる政治的思考や実践のシステムを鋭角に突き破る線でもあるのです。そこでは「隣人への不信」に充ちた「自然状態」は、ホッブズが仮定したような社会状態以前の絶対的所与ではなく、それこそ人工的に構築されたひとつのゲームであるとみなされているのだし、さらに、そのうえに構築されたゲームと決別し、べつのゲームを開始しようとしているのだから。第一部第三章でふれた、恐怖ではなく支配と抵抗のバトルを根本にすえる思考の線上に位置しながら、この物語は、そのバトルのなかの戦略点に恐怖という情動も埋め込もうとしているのです。

自然状態とは、ホッブズ的な思考の線上では、「あなたがたのセキュリティを保障するよ」と自認して君臨する主権の創設のための神話です。しかし『バトル・ロワイアル』では、このゲームは年ごとに、全国各地でくり返される性格のものだった。つまり、その神話は、ミクロなレベルで日々反復されるべきものなのです。そのくり返しにおいて、それと同時になにかが、すなわち、感情あるいは情動が組み立てられ、組み立て直されている。つまり、自発的に服従をうながす感情ないし情動の構成です。

そもそも、わたしたちが他者の支配のもとに服従するとはどういうことなのでしょうか？　先にみたフーコーならば、ひとつに暴力があげられます。それはたとえば鎖につながれた状態、あるいは拷問、自由をまったく剝奪された状態です。そのような状態は、先進国においても拷問が復活をみせているいま、ますます無視できなくなっていますが、現代のわたしたちの日常生活上では少なくとも中心に存在するものではありません。なによりも、大東亜共和国がそうであるように、服従が「自発的」であることに、自由がそこにあるかのようにみせかけることに支配の戦略は心をくばります。あたかも服従を自由とおもいこむようになったとき、権力の戦略は成功に近づいたといえます。ある他者（これは「世間」のような漠然とした他者一般でもよい）に対して、わたしたちがそのひとの欲するままに行動するようみずから望むことです。そのとき、この他者は、わたしたちのなかに恐怖と希望をうまく触発することに成功しているのです。不安を喚起し恐れを与え、その恐れからの救いの希望を与える——この循環にうまくひとを巻き込むわけです。たとえば宗教の構造もここにみてとれるかもしれません。「幸せゲーム」は、このような服従のプロセスである恐怖と希望の感情の布置をいくども再構成するべく機能しています。ああ、やっぱり「隣人（友だち）」は本当のところは怖いのだ、だから、みんないっしょに自由に生きる権利を譲渡しよう、それをいつも強制してくれる主権者たる国家が希望なのだ、警察をもっともっと……そういえば、カール・シュミットはホッブズ論のなかで、ホッブズ的な意味での近代国家にとってもっとも重要な制度として警察《ポリス》をあげています。なぜなら、自然状態から脱した「市民」状態を支配する「平穏・治安・秩序」とは、それこそ警察《ポリス》の定義にほかならないからです。しかし、このような契約論（あるいはわたしたちの日常的な常識）が所与とするゲームに参加することを主人公たちは拒絶します。それによってかれらは権利の譲渡や放棄などありえない、と主張しているのです。ホッブズの理論でいえば、こうなります。われわれは、何者か――主権者――がわれわれ自身の名において行動することを、権利の使用をその者に許すことで委任している。権利の放棄によってわれわれと一体化したその者により、われわれの名においてなされたことに対して、抗議する権利をわれわれはもたない（ホッブズにおいて抵抗権はとても弱々しいものになります）。ところが、『バトル・ロワイアル』の主人公たちにとって、こうした権利の譲渡などはなからありえないのです。かれらはそもそも権利といった法律的タームで考えることをやめます。みずからのもとに留保された力を、他者の力のもとで他者に服従しながら活用することをやめ、べつの方向にふりむけるのですから。そのときかれらがおこなったこと、それは恐怖することをやめ、希望することをやめることなのです。そうすれば、力はいつでもみずからのもとに戻ってくる。[4]

ただし、もちろんのこと、「幸せゲーム」をおりることには、国家が用意する幾多の困難が待っているわけですが。川田の残した言葉、「お互いを信頼し敬い」生き残る、という方法だけでこの恐怖のシステムから脱出できるのかどうかはわかりません。しかしこの言葉にも、ホッブズ的な個人から出発するやり方とはべつの線がひかれています。孤立した個人が争いあうというホッブズのイメージするような自然状態はありえない――というのもバラバラの個人ではとても生き残るために十分な力を保有することはできず、どうあっても助けあうしかないのだから。人間が生きるところならどこでも、最小限の集団性はつねにすでに生じているのです。

いずれにせよ、ここにはじつは国家の存立にかかわる秘密があります。万人に対し、じぶんがいかに必要であるかを立証するため国家が常日頃から掲げている根拠が、じつは存在しないかもしれないという秘密が。[5] とすれば、川田がこの国家を転覆するために、まず恐怖ゲームを粉砕しようとしたわけもあきらかになるでしょう。

2　敵対性と防御

「テロリズム」とスペクタクル

暴力を考え、批判するためには、敵対性を否認しないやり方のなかで位置づけなければならない、ということがわたしたちの暴力論の柱のひとつでした。ふたたび確認しておきましょう。敵対性を否認し、「寛容」にみえる「モラル」は、決して、「敵」と名指される形象を「絶対化」する傾向と矛盾していないこと。それどころかたがいにからまりあっていること。たとえばすでに述べたように日本では労働組合も学生も対抗性をほとんど失っていて、〈政治的なもの〉は、ほとんど政策的に違いのない二つの政党の競合に収斂されつつある、つまりパラ・ポリティクスによって徹底的に否認されています。ところが内的敵対性はますます否認されながらも、しかしそれと反比例するかのように、オウム真理教や朝鮮民主主義人民共和国（北朝鮮）のような例にみられるように、次から次にみいだされる敵は交渉不可能な絶対的なものへとエスカレートされ、それに対する「不寛容」は増幅されています。敵対性の抹消と敵対性の絶対化は、そこに両者とも政治的次元が失われていることで関係を切り結んでいます。こんな窒息的な動きに対して距離をとりつつ、べつの線をひいていくためには、カール・シュミットにならっていえば「正しく」敵対性を定める必要があるのです。じっさいカール・シュミットはそれを試みました。ただし、それは「ウルトラ・ポリティクス」という、敵対性のエスカレートによる〈政治的なもの〉の否認を生みだしたのですが。だから、わたしたちはシュミットと違うやり方で、ヴィルノのいう「敵意の幾何学（la géométrie de l' hostilité）」[1]を必要としているのです。

マイケル・ハートとアントニオ・ネグリは、「テロリズム」と規定しうる暴力の種別性を、「スペクタクル」という点にまず求めます。[2]そのまえに指摘しておかねばなりませんが、「テロリズム」は——二〇〇一年の九月一一日の同時多発テロ以降となるとますますはっきりと——ほとんど無意味になるほどにあまりに多様な意味を帯びた言葉であり、ほとんどの「政治的」暴力をもカヴァーするまでに拡散した言葉です。アメリカ政府は、非暴力的な抵抗運動についても「テロリズム」のカテゴリーをあてはめる傾向にかたむいています。もはや敵対性そのもの、つまり〈政治的なもの〉そのものが、テロリズムとラベリングされる趨勢にいたってしまっているわけです。

しかしだからこそ、「テロリズム」という暴力の種別性を考える手がかりでもつけることは、こうした趨勢に抗することにもなるでしょう。テロリズムはスペクタクルの暴力である……なぜならば、それはたとえばストライキのように資本家の経営を圧迫する直接的な力の行使ではなく、局所的なダメージに限定された攻撃が、メディアを介することで、国家あるいは世界を揺るがす最大の効果に拡張するからです。「テロリズム」についての本をひらくと、メディアとテロリズムの密接な関係性はしばしば指摘されています。[3] 一九世紀のアナキストによるスローガンに「行動によるプロパガンダ」[4] というものがありました。ウォルター・ラカーは「テロリズムはつねに、広報活動でありプロパガンダであった……」と述べています。[5] たしかに、戦争が「強要的」でありテロリズムは「印象的」である、つまり、戦争が「物理的」でテロリズムは「精神的」[6] である――あくまで相対的なものだけれども――という指摘からするならば、テロリズムは物理的破壊そのものではなく、破壊の表象こそが核心といえる。[7] たとえばマーシャル・マクルーハンは、一九七八年のイタリアにおける赤い旅団[8] によるモロ誘拐事件のさい、プラグを抜き、電灯を消し、回路を切断することでコミュニケーションをシャットアウトすることがテロリズムの効果を遮断することであると提言して波紋をおよぼしました。[9] このマクルーハンの「転向」――そこではマクルーハンはメディアについてのオプティミストであるというのが前提――は、ギィ・ドゥボールによってのちに揶揄気味に評価されることになります。

テロリズムとメディアとの関係によって現代テロリズムの端緒を設定する議論もかなりみられます。それらの主張によると、現代テロリズムの端緒は一九六〇年代後半のある出来事に求められます。その出来事とは、一九六七年の第三次中東戦争いわゆる六日戦争によって、ヨルダン川西岸とガザ地区をイスラエルがあらたに占領したのちの一九六八年の七月二三日、ローマ発テルアビブ行きイスラエルのエルアル航空ボーイング707型機をPFLP（パレスチナ解放人民戦線）がハイジャックしたというものです。この時点で、ハイジャックの意味は転換したのです。つまり、それ以前であれば、行為主体はみずからの故郷への無理やりの帰還のような直接的目標をもっていたのに対し、そのハイジャックはパレスチナ問題の存在を訴えかけるメディアとしての役割を担っていたのです。PFLP創設者であるジョルジュ・ハバシュは次のように述べています。「一機のハイジャックは、戦闘で百人のイスラエル人を殺すよりも効果がある……世界がいまではわれわれのことを話している」。PFLPによって確立されたこの路線は、欧州蜂起における衝撃的な飛行機爆破、さらには、黒い九月グループによるミュンヘン・オリンピック事件でその論理をはっきりとさせました。とりわけミュンヘン・オリンピックでは、それまでほとんど知られていなかったパレスチナ人と「パレスチナ問題」の存在そのものが世界に通告されたのです。

ただし通常のテロリズムについての書物が語るのはここまでであって、これに対して円環をむすぶようにして起きた出来事にはあまり言及されません。フランスの思想家で現代の戦争について深い考察を展開して影響を与えつづけている人にポール・ヴィリリオがいます。かれは、その後に生じた出来事の方に注目をむけ、それを「大いなる開始」と名づけました。その出来事とは、ベイルート空港におりたち民間機一七機を破壊して帰還したイスラエル軍のパラシュート部隊の攻撃です。ポール・ヴィリリオは、ここに、そののち国家テロにほかならぬ「戦争なき戦争」を続々と生みだす——イスラエルの特殊部隊によるエンテベ空港襲撃、西ドイツによるモガジシオ空港の襲撃、イラン大使館の人質事件に対するカーター米大統領の対応、そしてフォークランド紛争など——きっかけがあるといいます。[10]ヴィリリオの思考は、クラウゼヴィッツにおいては「べつの手段による政治の継続」として政治に従属するものであったはずの戦争が、「速度の論理」によって政治から自律し、逆に政治を支配し消去するという状況を浮き彫りにし批判することにむけられています。その過程は、二〇世紀の総力戦から冷戦を通し、テクノロジーの発展とあいまって進行しています。一瞬にしてすべてを無に帰する核戦争の破壊力をまえにしては、もはや戦争の進展を介した交渉の余地はありません。全面的な破壊力とそれを可能にし促進する速度の上昇は、交渉や討議という政治の時間をいっさい蒸発させてしまうのです。ヴィリリオによれば、その状況のリミットがこのイスラエルの軍事行動にあらわれるのです。従来の表象＝代表の回路の外側に、テロと対抗テロをとおしてある循環とそれが生産する空間が構成されます。それはユーロ・テロリズムと「鉛の時代」をへて、従来のいわゆる「市民社会」を形成していた表象＝代表の円環を凌駕するようにまでなった。そこにこうつけ加えてもいいかもしれません。そこにあらわれたのは、現在のイラク戦争によってひとつの相貌をあきらかにした「恐怖による統治」の原型である、と。

絶対的敵対関係と相対的敵対関係

　ポール・ヴィリリオは一九七〇年代の著作（『民衆的防御とエコロジー闘争』）において、このような政治を凌駕しながら自律する戦争やテロリズムの論理とは対照をえがき、なおかつ、そのような論理にあらがうものでもある歴史的な抗争のありようを「民衆的防御（défense populaire）」と名づけ、分析を加えています。ここからは、このヴィリリオの小さなテキストを手がかりにしながらしばらく考えてみたいとおもいます。まず、以上にあげたヴィリリオの問題設定にも、そして「民衆的防御」の議論にも、あきらかに『パルチザンの理論』（そして『大地のノモス』）のカール・シュミットが反響しているようにおもわれます。カール・シュミットはドイツの法思想家であり憲法理論家で、政治的には保守派であり、権力奪取した初期ナチスに参加協力をしました。『パルチザンの理論』は第二次大戦後の著作にあたるのですが、そこでシュミットは、近代のあたらしい戦争形態（パルチザン戦争あるいはゲリラ戦）の主体であるパルチザンを分析しながら、戦前から一貫した独自の主題である政治的なものについて考察をめぐらせています。

　ヴィリリオにおいても、かれのいう民衆的防御について、ひとまずこうしたゲリラ戦をイメージしてみればいいとおもいます。ところが、ヴィリリオのいう民衆的防御とシユミットのいうパルチザンは、重なりながらも決定的な隔たりをはらんでいるようです。この点を考えてみることからはじめてみましょう。

まず近接している点。シュミットにとって、パルチザンには、現実には混在しながらも、概念的には区別すべき二種類のものがあります。「郷土を防御的土着的に護るというパルチザンと、世界攻撃的革命的に活動するというパルチザン」[11]。第二次世界大戦後からシュミットがこの著作を書いた一九六〇年代のはじめにいたるまで、パルチザンにはこの両者の要素が混在していました。たとえば、毛沢東はいうまでもなく、ディエンビエンフーの戦いにおいてフランス軍を決定的に撃退し、独立への道をつけたベトナムのヴォー・グエン・ザップ（一九一一—二〇一三）、キューバ革命以後コンゴ、ボリビアを転戦するチェ・ゲバラ（一九二八—六七）。こうした人物らに率いられ、実践的・理論的な深化をみたゲリラ戦[12]は、マルクス主義的インターナショナリズムと民族主義的性格の双方をあわせもっていました。しかし、シュミットによれば、この二つの性格は理論上では厳格に区別されねばならない。そのさいの区別の軸が敵対性の差異ということになるわけです。

かんたんにまとめてみるなら、その敵対性の差異は、現実的（あるいは相対的）敵対関係と絶対的敵対関係と要約できます。土地の防御から世界革命的攻撃への転換は、現実的敵対関係を絶対的敵対関係へとエスカレートさせることでもあります。そして、シュミットにとって、防御が、破壊的な攻撃に転換するポイントは土地的要素の喪失なのです。「空間のない、地球的普遍的な、絶対的な……」この形容詞は、シュミットにおいては否定的な含意を帯びています。シュミット的観点からすれば、マルクス主義者でも、攻勢的インターナショナリズムよりも土地の防御という成分をより多く保持する者が肯定的な評価を与えられます。だからレーニンよりも農村に基盤をおく「民族主義的」色彩の強い毛沢東のほうが礼賛されるのです。毛沢東の戦いは、敵を「現実的な敵」にとどめるだろうが、それに対して、レーニン主義的パルチザンは敵を「絶対的な敵」に上昇させる傾向にある。シュミットならば、おもに一九七〇年代にヨーロッパを席巻した、赤い旅団、ドイツ赤軍（ＲＡＦ）、アクシオン・ディレクト、怒りの旅団などの諸グループによるユーロ・テロリズムを、その延長上に位置づけることでしょう。かれらは、ロシア革命ではまだ存在した土地的基盤を完全に放棄し、抽象的正義をもって敵を犯罪化し、それにより闘争を絶対的敵対性にまでエスカレートさせた、と。ただし、確認しておく必要がありますが、マルクス主義は、マルクス、エンゲルス以来、基本的には「テロリズム」という手段を批判しつづけてきました[13]。マルクス主義において、暴力は、以前にあげたエンゲルスの引用にもあったように、あたらしい社会の生成のさいの産婆役、つまり促進剤として位置づけられていました。マルクスにとって、社会の変革は、基本的には協働の社会的発展とそれを垂直に規制する諸条件のあいだの敵対性が原動力となるものです。

一九世紀末から二〇世紀初頭にかけて、おもにアナキストやサンディカリストによるテロ活動が活発化します。第一期テロリズム時代とも呼ばれますが、[14] その時代は、殺戮の規模が飛躍的に拡大した第一次大戦がテロの衝撃を吸収することによって終焉をむかえます。そしてそのあと、あたらしい変革のパラダイムとなったのがロシア革命――具体的にはエス・エル党からレーニン主義へ――であり、毛沢東、とりわけその持久戦のドクトリンだったのです。そこでは少人数による破壊的打撃ではなく、あくまで、ねばり強く土地に根ざした大衆の組織化が問われるのだから。

とすれば、そのあとにやってきた、いわゆる第三期テロリズム時代は、このロシア革命と持久戦を基軸にした人民戦争パラダイムのすり切れたところからはじまるともいえるかもしれません。そこでは、先述した、テロリズムという暴力の種別性を規定しているスペクタクルの要素が突出した意味を帯びるのです。つまり、そこにおいて、メディアの水準での表象の過剰は、パレスチナにおけるように土地を基礎にした表象＝代表の過小とむすびついている。そもそもそこには、持久戦の条件である防御を可能にする土地が存在しないからです。つまり、パレスチナの人々は、民衆的防御の基盤となるもの、土地あるいは領土を完全に喪失している。かれらはいわば「強制的な動産」と化し、さらにそれに抵抗する手段も剝奪されたのです。パレスチナの「テロリズム」がスペクタクルを活用したのは、そこが、土地を喪失し、それにともなって一切の表象＝代表の回路をも喪失した人々が最後にみいだした「領土」だったからです。

かれらは難民として法的に地球の住民であるのをやめた。しかしかれらはなお、特殊な領土を所有していたのである。それはメディアであり、空路から鉄道まで、街路から新聞やＴＶまで、かれらはこの最後の優位を失ってはならないのである……パレスチナの戦闘は民衆的「防御」ではないと主張する者たちは正しい、彼らには選択の余地がなかったのだから。それは自殺的となった民衆的攻撃であり、その地理的な消滅ののち、かれらの最後の目標は、パレスチナ人民が、たとえ地図上から姿を消したとしても、人々の記憶からは姿を消さないようにするというものであった。[15]

そしてその「難民」的状態こそ、そののち、民衆あるいは文民階級の全般的条件となるのだ。そうヴィリリオは一九七〇年代にみなしていました。ここには、ある状況がすでに予見されている、すなわち、軍事的総動員の編成の変転とからまりあいながら労働力の全般的流動化をはかるネオリベラリズムを通し、パレスチナ人の状況は全世界的な「文民」の運命を予期しているというのです。「パレスチナの悲劇は、未来をはらんでいる」。恐怖と不安の重なり合いという先ほど指摘した感情的状況について、わたしたちは二つの条件、安全保障と労働条件という点からみました。まさにこの二つの条件の交錯がここでは指摘されているのです。スペクタクルな平面にテロリズムを介してみずからの存在を登録するというＰＦＬＰによる活動、つまりメディアを領土化するという活動は、物理的な領土の剝奪のもたらしたひとつの帰結なのです。この点で、パレスチナで現代「テロリズム」の画期とみなされる出来事が起きたということが重大な意義を帯びてくるのです。それは第二期テロリズム時代の「テロリズム」とは条件を変えている、つまり土地という要素を喪失しているというわけです。

パレスチナに悲劇的なかたちであらわれた脱領土化とそれによる民衆的防御の喪失の状況の端緒のひとつは、ナポレオンの軍隊に対するスペインのゲリラ戦にみとめられます。初の近代的正規軍であるナポレオンのフランス軍に対し、スペインの人々は非正規的戦争でいどみ、そのたたかいは「ゲリラ戦」という呼び名の起源にもなりました。カール・シュミットによってパルチザンの理論の序曲として位置づけられたこのゲリラ戦をとりあげながら、ヴィリリオはクラウゼヴィッツの『戦争論』のある一節に着目しています。クラウゼヴィッツが、このゲリラ戦についての注釈のなかでもちいる「どこにもない（NULLE-PART）」という言葉に注目すべきなのです。スペインの民衆によるゲリラ戦は、「どこにおいても堅固な塊に凝縮することのない（nulle part）液状、大気状のなにものかのうちに」[16]フランスの戦争機械が敗北する条件を形成している。この「どこにもない」はかならずしもヴィリリオにおいて積極的な含意をもっているわけではないことに注意しなければなりません——ヴィリリオはドゥルーズ＝ガタリではないのです——。「どこにもない」は、おそらく前代未聞の戦争機械に直面した民衆的防御のとる一形態であると同時に、民衆的防御が失われてしまう第一歩でもある。「武装した身体の密集した防衛のあとには、身体なき抵抗がつづく。このクラウゼヴィッツ的な〈どこにもない〉は本質的である。というのも、身体なき抵抗を超えて、軍事的捕食者によって居住不可能にされてしまった地上で、すでに領土なき抵抗が考えられるからである」。

　ふれたように、カール・シュミットはこのスペインの人民戦争を、パルチザンの理論の出発点にすえました。ゲリラ戦の特徴は先に述べたように防御にあります。というのも、ゲリラ戦とは圧倒的「弱者」の戦法であり、弱者は少なくとも初発は防御の地位たらざるをえないからです。そしてこのゲリラ戦の理論のひとつの源流は、プロイセンの軍人であり近代戦争の思考のパラダイムを定式化した理論家であるカール・フォン・クラウゼヴィッツ（一七八九—一八三一）に求められます。

　ゲリラ戦の実践と理論をもっとも完成にみちびいたひとりは中国革命の指導者であった毛沢東（一八九三—一九七六）でしょうが、毛沢東はクラウゼヴィッツの戦争論の要のひとつである「防御の優位性」のテーゼを抗日遊撃戦から国共内戦をへるなかでじぶんなりに展開しました。[17] 湖南省に生まれ、辛亥革命に兵士として参加し、やがて中国共産党に入党、プロレタリア中心、ということは都市中心に展開されるべきとされた当時のコミンテルンに主導されたマルクス主義的革命的実践の定石をくつがえしつつ、農村や農民に根ざした独自の戦略をたて、天才的な軍事的・政治的センスで中国を革命にみちびきました。この毛沢東の軍事理論と実践を、レイモン・アロンは「クラウゼヴィッツ

＝マルクス的綜合」と呼んでいます。[18]

クラウゼヴィッツによれば、直感に反して「防御という戦争形式はそれ自体としては攻撃という戦争形式よりも強力である」。もちろん一方的な絶対的防御、絶対的攻勢といった極限的状況は現実にはありえず、それぞれ相対的です。たとえば、防御ならばそのうちに攻勢をふくんでいるのです。それを前提として、防御は戦術的というよりも戦略的な面で攻撃に対して本来的に優位にたつのです。なぜでしょうか？ まずクラウゼヴィッツは、戦術上勝利をおさめるための決定的要因を三つあげます。[19] 地の利、奇襲、多面攻撃です。防御側は地の利と多面攻撃とをフルに活用し、さらに奇襲を決定的に活用できるのに対し、攻撃側は地の利と多面攻撃にかぎり、しかもわずかにしかもちいることができない。防御側が、地形や資源に通暁していることが地の利につながり、さらにそのことが奇襲の有利にむすびついていることはあきらかです。「攻者三倍の原則」という言葉がありますが、攻撃側はさまざまな戦争手段を使わねばならず、防御側よりもはるかに大きな戦力の投入を必要とするという事態を指しています。また攻撃者への一般人の敵意、他の諸国からの攻撃国への妬みといった要素がこれに加わります。こうした要素を最大限にひきだすための時間をもつのも持久戦なのです。クラウゼヴィッツも、攻撃側が無駄にすごす時間がすべて防御側に有利にはたらく、と指摘しています。

ベトナム戦争はこの「防御の優位性」の含意を徹底的に活用して、力関係において圧倒的に不利な立場にあったベトナムがアメリカに勝利した戦いです。一九五四年のジュネーブ協定により、ベトナムはフランスから独立をはたしましたが、そのさい南北に分断されてしまいました。分断線である北緯一七度線は、冷戦状況のなかで例によって東西の体制を、ということは敵と友を分ける境界線とみなされます。そこでアメリカは、ゴ・ディン・ジェムによる独裁政権であった南ベトナム政府を、激しくなる一方の民衆による抵抗から死守すべく、徐々に関与の度合いをたかめていきます。一九六五年あたりまでは「彼らの戦争」という建前で、膨大な金銭や武器の援助に加え、軍事顧問団を派遣し、南ベトナム政府軍の訓練や指導をおこなうというかたちでの参加でした。それが六五年あたりからはいまではデッチあげということがあきらかになっている「北ベトナム軍の攻撃」（第二次トンキン湾事件）を口実に（またもや暴力の行使のきっかけは防衛であり報復です）、その建前をかなぐりすてて、北ベトナムへの直接爆撃を開始しみずからが戦争主体と化していくのです。一九七五年の終結までに、米軍兵士の死者五万八千、そしてベトナム側の死者は二〇〇万以上、現在なお三〇万以上の行方不明者を残したままという長い戦いの決定的な転回点です。

南ベトナム解放民族戦線（いわゆる「ベトコン」）は、北ベトナム政府とのつながりも乏しいままで、ベトナムの豊かな自然を活用し、さらに自然と一体化することで対応しました。そこには民衆的防御のひとつの典型がみえるようです。かれらの武器は、敵側から奪った武器のほかには、みずからの農作業のための生産手段、そして取り巻く大地、河川、草木、森でした。抗仏戦争から対南ベトナム政府・アメリカ戦争のあいだ、

「ベトミン」から「ベトコン」への呼称は変転しても、ベトナムの兵士の典型的イメージは次のようなものでした。「夕べに鍬をもち、朝にはライフル、兵士たちはみな百姓、それがホーチミンの兵士」(「ホーチミンのバラード」イワン・マッコール作詩、高石ともや訳)。兵士だからといって、かれらは田畑の耕作をやめたわけではありません。非戦闘時には畑仕事をおこない、戦闘時には兵士になる。あくまで生産者であることを手放すことなく、軍事階級として自立しないのです。かれらは、ジャングルや葦、マングローブの木々の織りなす迷路のような隙間に小舟を通して移動し連絡網をつくりあげました。闇夜やふかいジャングルのなかから突然あらわれて攻撃を加え去っていったり、村民なのかゲリラ兵士なのかみわけのつかない「神出鬼没の戦法」は、米軍に深いダメージを与えつづけました。[20]

まず確認しておきましょう。民衆的防御を可能にするのはまずはその土地的性格です。民衆的防御は「環境」とむすびついていることと不可分なのです。つまり、民衆の武装による抵抗は、環境によって保障されているわけです。環境は民衆にとって、いわばその不正規な侵犯的使用を介して武器の調達庫となる——「斧、鎌(あるいは鎌槍)、狩猟具、伏兵そしてさまざまな罠」——のであり、土地を喪失することは、武装と法学的アイデンティティとをともに喪失することである。[21] 労働組合が労働者に生産用具を保持するように呼びかけるのも、それが労働者にとっての「環境の最後の代理物」であるからである、とヴィリリオはいいます。先ほどのセキュリティのところで問題にした環境と世界を対立させてとらえるやり方は、ここではひとまず宙づりにしなければなりませんが、民衆的防御は環境と密接にむすびついていることによって、軍事的な論理が自律して人々に動員をかけ強制的に脱領土化させる「動産化」への動きに対しての重しとなります。これと似たようなことを、一九六五年になんと座頭市（もちろん勝新太郎の）の「ドメクラ斬り」で論証しようとしたのが平岡正明でした。ここではきわめて重要なことが指摘されています。

> 座頭市はクラウゼヴィッツ理論の権化だ。彼のドメクラ斬りは本質的に防禦にはじまる。そしてこのことは、座頭市において、日本の民衆蜂起の原型としてあらわれる。武器を外的なもの、その時代の技術を殺人用に外化したものと考える人々は権力の側につく。人間の防禦の延長と考え、道具の転化かあるいは道具の延長と考えるものは民衆である。かなたでは武器は武器庫からとりだされ、武器の操作に習熟することが技術であるが、こちらでは、武器は道具からひきだされ、武器をつくりだすことが技術である。／武器をその時代の到達した殺人技術の頂点と考えるものは、火気、探知機、動力等の目録上の武器としてしか知らず、最終兵器の登場とともに、武器はけっきょくたったひとつのものとなり、それと同時に闘争のイメージがひとつとなり、観念化される。武器を道具からとりだすものは、社会的総体を潜在的な武器と考え、武器は無数である。[22]

まさにここでは、当時の冷戦構造を規定していた最終兵器のイメージとそれに収斂される想像力のえがく貧しい世界——「恐怖の均衡」の幻想に支配された——に、無際限に分岐しうる潜在力の肯定される世界が対抗関係におかれています。超越の側にたつか、それとも内在の側にたつか、とも分類できるかもしれません。そして後者の側にたつかぎりで、ひとは民衆[23]である。まさに後者の世界からすれば、原子爆弾を最終審級におく「帝国主義は張子の虎」に映るのでしょう。ここには、これまでの言葉づかいをするならば、クラウゼヴィッツの線上におかれるゲリラ戦がそのうちに保持している「民衆的防御」の要素がみてとれるわけですが、引用部分では、日本におけるその後の一部の新左翼の武装主義へのするどい理論的批判がすでにくだされているようにもみえます。その特定の仕方での軍事への傾斜は、「米ソ両帝国主義国」の構築する「恐怖の均衡」のファンタジーを脱することなく、最終兵器に想像力を支配された闘争のイメージの矮小化のなかで動いているのだから。他方、この平岡の指摘からは、ゲリラ戦における「防御の優位」の意味が、はっきりと「民衆的防御」としてとりだされています。それを失うと、毛沢東やゲバラたちの「根拠地理論」もあるいは「政権は鉄砲から生まれる」というかの有名な毛沢東の格言も、「民衆という海」を完全に欠落させつつ山奥で「軍事訓練」をおこない、それをなにか革命的であるかのようにみなしてしまう、というきびしいものに変貌をとげてしまうのでしょう。

しかし、ベトナムにおいて米軍は、ジェノサイドのみならず、ゲリラ戦の可能性の条件、もっと一般的にいえば、人間が軍事的なものに支配されつくさないための条件でもある、自然環境そのものを破壊する凄まじい攻撃、すなわちエコサイド（自然環境破壊）にでたのです。一九六一年には上空から枯葉剤を散布し、ジャングルやマングローブなどの植物を壊滅させる作戦がはじまり、約一〇年間つづきます。大規模な森林完全除去、砲爆撃による自然環境総体の破壊です。さらに、北と南をむすぶ「ホーチミン・ルート」を使えなくするために上空の積雲に化学的な人工降雨剤を散布し、人工的に雨を降らせようという試みもなされました。こうした攻撃の結果、当然ながら、生態系は破壊されてしまいます。米軍は人間の殺戮だけではなく、その棲息条件そのものを破壊することで軍事的に勝利しようと画策したのです。こうした攻撃のなか、ベトナムのゲリラたちは、トンネルを掘り、そこに通路をつくりました。ベトコンは環境の解体に対し、地表から消失することによって対応しようとしたのです。しかし米軍は、トンネルに毒ガスを散布し、あぶりだすことで応じました。ベトコンはそこでも、さらにふかく地中に潜り通路を複雑化させることで対応しました。このプロセスは、ベトナム人による防御の深化と、軍事による生命世界総体の包摂の深化の双方をあきらかにしています。いよいよヴィリリオの恐怖する軍事階級による「文民階級」の最終的支配、すなわち文民をいっさいの環境から切断し強制的に「動産化」するプロセスが、ベトナムのジャングルのなかから浮かびあがってくるのです。

ヴィリリオによれば、ベトナム戦争は「民衆的防御」の発揮であると同時に喪失の転回点となります。そしてそれと並行して、浮上してきたのはパレスチナでした。パレスチナ人たちは、ベトナム人がもちえた条件、つまり土地をいっさい喪失することによって、民衆的防御（あるいはゲリラ戦）をひらくための条件である「潜在的な武器」たる「社会的総体」を失ってしまっています。それによって、防御から攻撃への転換を「選択を余儀なく」された、というのです。そしてヴィリリオは、テロリズムによるメディアという領土の占領は、「セキュリティのドクトリン」——国家テロリズムを正当化し促進する——の発展を加速させるだけだ、と疑問を投げかけます。しかし、それは批判としては、よりはっきりと赤い旅団にむけられます。ヴィリリオにとって、土地に根ざした防御、あるいは土地的性格をはらんだ防御の限界を超えて、民衆が「攻撃」へと展開することは、つまり、軍事の自立を日常性との振幅によって阻止するプロセスを抵抗する側が失うことは、みずから「軍事階級」へと昇格することで、「市民社会」の殲滅をもたらしている総力戦（「純粋戦争」）のうちに統合されてしまうことなのです。

とすれば、「セキュリティのドクトリン」を促進するしかない「攻撃」とは異なる「領土なき抵抗」とはどのようなものか？　空間や領土がほとんど占拠されてしまったときに、どうなるのか？　ヴィリリオは、農民の都市への流入と都市化による分散によって、人々は防御の手段を喪失し、個人と脱領土化しか残されていないとみています。したがって、そこでは「民衆的防御の終焉にいきつくパニック状況[24]」が生じているのです。

その一方で、「領土なき防御」の展望も、ヴィリリオにおいてはしばしば提示されています。「時間と空間の統一性が炸裂」したナポレオンに対するスペインのゲリラ戦において、圧倒的なナポレオンの戦争機械が空間を占拠するなか、もはや「地上の主人ではない」スペイン人戦士たちは、移動の速度によって、好機をとらえつつ時間の主人となった。すなわち、空間が占拠されても人々は時間を占拠する術を発明したというのです。この発明は、たとえばストライキという手段にも通じています。あたらしい都市空間のなかで空間はすでに占領ずみである、それゆえバリケードはもうつくれない、だから時間のなかで自己防衛しなければならない、つまりバリケードによる空間の「遮断」ではなく時間を「遮断」しなければならない、それがストライキという偉大な発明だというわけです。

しかしヴィリリオは、それでも不充分であると結論をくだし、民衆的防御はいま「非常に厳しい状況下にある」と、苦渋の色をかくしません。ヴィリリオは、「領土なき抵抗」を、現代においてそれほど積極的なものとして提示できていないのです。このような追いつめられ方の文脈には、ヴィリリオがどうしても速度一般をひとしなみに「ファシズム的」とみなし、国家による速度とそれに抗する運動の速度を区別できていないということがあるようにおもわれます。[25] ただしそれについては、またあとで戻ってくることにして、攻撃ではなく防御、このヴィリリオの提起を、さらにわたしたちのはじめの問い、敵対性の問いへとひき戻してみましょう。

クラウゼヴィッツとゲリラ戦

シュミットは、土着的パルチザンの土地喪失を、たがいに関連する二つの要因においてみているようです。第一に、パルチザンが特定の哲学とむすびつくことで世界革命的様相を帯びること、第二にテクノロジーの進展。「パルチザンの遊撃性は機械化によって格段に高められるので、彼はまったく場所確定を喪失するという危険におちいるのである」[26]。この区分を念頭においてふりかえるなら、シュミットは前者に力点をおき、ヴィリリオは後者に、しかもパルチザンの遊撃性を、国家機械が脱土地化を促進させつつ包摂し国家テロと対抗的テロの悪循環――いずれにしても〈政治的なもの〉の死滅をドライブする――を生んでしまう趨勢の分析に力点をおきながら分析をすすめているともみえます。

しかし、民衆的防御において問題になっている敵対性は、ここではシュミットのいう現実的（相対的）敵対関係と絶対的敵対関係の区分では整理できないもののようにおもえるのです。とすれば、それはどのようなものでしょうか？

まず、カール・シュミットの敵対性の理論、つまり友敵理論における「ウルトラ・ポリティクス」についてもう一度ふれておきます。くり返しになりますが、「政治的なものの核心は、敵対関係そのものではなく、友と敵とを区別することであり……」[27]とするシュミットの「ウルトラ・ポリティクス」は、敵対性をエスカレートさせるのです。しかし、それは「政治の直接的軍事化」によって、敵対性を外部に排除するためなのです。そこで重要なものは主権です。「例外的状況において決定を下す者」こそ主権者（つまり国家）であり、友と敵はまさにこの地点においてはっきりと分節される。主権こそがシュミットのいう〈政治的なもの〉である友敵関係という敵対性の強度を集約する地点なのです。しかし、以前ふれたように、わたしたちの視点からすると、社会に内在する敵対性に対して外的な敵対性を優越させることで、むしろ、政治的なものに固有の敵対性の次元、すなわち「政治的なものの構成要素としての内的な闘争」を忌避してしまっているようにみえます[28]。内部の矛盾を、外敵を設定することで隠蔽するというのは権力の戦略として常套的なものですが、この戦略においては同時に〈政治的なもの〉が排除されているのです。

　戦後のシュミットにおいては、〈政治的なもの〉に固有の敵対性を友敵関係へとエスカレートしながら――ここまでは戦前の『政治的なものの概念』の延長上です――、あたらしく導入され理念化されたヨーロッパ公法による秩序という枠組みによって懐柔するという構成になる。友敵理論のウルトラ・ポリティクスが敵を絶対化させてしまう傾向には、あいかわらず原則的に歯止めはありません。しかし、戦後のシュミットにおいては、敵対性は懐柔されるためにこそエスカレートされねばならない、という構成をとります。敵対性は「正しい敵（justus hostis）」を設定するようなものでなければならない。つまり、古典的な戦争法であるヨーロッパ公法のように、戦争と平和、戦闘員と非戦闘員、敵と犯罪者との区別を明確にする敵対性であるべきだ。ここに戦前の『政治的なものの概念』や『政治神学』と、ナチスへの加担による逮捕監禁をへた戦後の『パルチザンの理論』『大地のノモス』への問題設定のズレや矛盾をみることもできるでしょう。しかし、そこではいずれにせよあくまで主権がすべての基軸として設定されているわけです。主権国家間の関係である相対的敵対関係か、それを主権（間の関係）の枠外から食いつぶす破滅的な絶対的敵対関係か、という二者択一が設定されるのです。あいかわらず潜在的内戦としてあらわれる階級闘争を封じこめ、主権の威厳を肯定したいという欲望が敵対性のこのとらえ方となってあらわれているのでしょうか？

その線のもうひとつの突端に「民衆的防御」の概念があります。ヴィリリオは、おそらくシュミットのパルチザンの理論を反芻しながら、しかし決定的に異なる民衆的防御の理論を組み立てようとするのです。民衆的防御は、いわゆる近代国家のもとにおける国民［民族］的防衛や、さらにゲリラ戦からも慎重に区別されなければなりません。「それゆえあまり性急に民衆的防御と人民戦争を、国民動員と住民の防衛を混同すべきではない[29]」。

優秀な軍人であり、哲学にも親しみ、戦争という現象を戦争外の多様な現実との連関において考察したクラウゼヴィッツの理論は、とても含蓄豊かなものであり、そこから多様な理論的・実践的線がみちびきだされました。たとえばかつてはよく、次のような二つの路線に集約されていました。かたや絶対戦争—殲滅戦論、かたや国民戦争—ゲリラ戦論。前者の線は、ルーデンドルフ、ナチス・ドイツなどの系譜につらなり、後者は、毛沢東やヴォー・グェン・ザップ、ゲバラらの系譜につらなるとされ、ナポレオン戦争以来、戦争にはこの二つの路線の対抗が貫かれていると把握されます。

クラウゼヴィッツは、戦争の本質をまず決闘という最小の抗争の場面から考えます。そこから戦争における暴力の無制限の上昇の法則、つまり敵の殲滅という戦争の理念を表現した有名な「絶対戦争」の概念が論証されるのです。まず、一方が暴力を行使すれば、他方も対抗的に行使する、そのような相互作用のエスカレーションは不可避の傾向であること。敵に意志を押しつけたいなら、どんなに暴力を行使しようとしてもそれ以上の不利があることをおもい知らせるために徹底的に打ち倒さねばならないこと、すなわち敵の防御の完全な無力化など。[30] しかし、クラウゼヴィッツによれば、絶対戦争は現実にはありえない抽象的概念であって、つねに制限的形態をとってあらわれます。現実においては、戦争はみずからの論理だけで動くことはありえずさまざまな要因が作用するからであり、また一回の決戦からなるわけでもない、さらに重要なことは、戦争は政治的目的に従属している（すべきである）からです（「戦争は別の手段をもってする政治の継続である」）。しばしばクラウゼヴィッツは、この絶対戦争論で殲滅戦を戦争の本質として設定することによって、悲惨な殺戮に充ちた第一次大戦、第二次大戦をもたらしたのだ、とも批判されます。[31] しかし、クラウゼヴィッツは、ナポレオン戦争以来の戦争に内在する傾向を、マキアヴェッリ的にモラルや宗教的イデオロギーぬきにその法則のままに抽出したのであり、そのうちに潜在するひとつの線が、普仏戦争時におけるモルトケやルーデンドルフらによって特定の方向に（「クラウゼヴィッツのブルジョア的止揚」？）誘導されたのだ、というのがより正確でしょう。とりわけ第一次大戦においてドイツの総力戦体制を実質的に指導し、のちにナチ党に積極的に加担したドイツの軍人ルーデンドルフ（一八六五―一九三七）は、クラウゼヴィッツのいわば「生権力的転回」とでも呼ぶべき方向性を示唆しました。ルーデンドルフは第一次大戦からの戦争の大きな変容を次のようにまとめます。第一に、軍隊間の殲滅戦だけではなく、軍と国民が一体となって戦争に巻き込まれた。ヴィリリオのいう文民の権利の完全な終焉をここにみることができます。第二に、クラウゼヴィッツ的な政治の変容がある。クラウゼヴィッツのいう政治とは、基本的に外交でした。しかしルーデンドルフにとって、政治とはいまや主として「国民の生存維持」なのであり、「総力政治」にならねばならない。ゆえにクラウゼヴィッツの立てた戦争理論はもはや放棄すべきというのです。「戦争および政治はともに国民の生存のために行われるものであり、なかでも戦争は国民生存意志の最高の表現である。したがって政治は戦争指導に奉仕すべきものである」。ここではクラウゼヴィッツは、前に述べたのとはべつの意味で転倒されています。いまや政治は戦争に従属すべきものであり、政治は生存意志の表現としての戦争に奉仕すべきものとなるのです。

問わねばならないのは、たとえ批判するためであれ、総力戦パラダイムを二〇世紀の戦争そして政治のパラダイムとして設定し社会理論のキーにしてしまうことは、ルーデンドルフによる「戦争はもはや多様性を失った」という主張を陰画的に反映しているのではないか、ということではないでしょうか。クラウゼヴィッツからみちびかれたもうひとつの線、ゲリラ戦は、二〇世紀において、こうした全面戦争という条件の内部から、民衆的防御の流れを汲みながらそれに対抗しようとした線である、という点を考えるならばどうでしょうか？　たとえばルーデンドルフは、クラウゼヴィッツの指摘する戦争の多様化を否定したうえで、クラウゼヴィッツの「防御の優位性」という原則をまったくしりぞけました。そこになにか複数の戦争——たとえひとつの戦争がどれときっぱりと分類できないにせよ——を根本からわかつ線が入っていないでしょうか？

よく指摘されることですが、クラウゼヴィッツが近代的戦争を理論化したとき、そこにモデルとしてあったのはナポレオンによる「革命の輸出」戦争でした。「絶対戦争」の概念は、このナポレオンのフランス革命戦争がもたらした戦争の歴史の大きな転回をそのうちにとどめています。フランス革命戦争のあたらしさは、それまでの絶対王政期における傭兵の戦争から、徴兵にもとづく国民軍による戦争へ転換したことにありました。この契機にテクノロジーや産業の進展といった要因がさらに折り重なりながら、二〇世紀の二つの大戦に帰着する、総動員体制のもとに遂行される総力戦がもたらされるのです。

一方、このプロセスには、ネーションの内的なリミットがつねに内在しています。フランス革命は、貴族に対するブルジョアジーや民衆の闘争という性格をもち、したがってフランス国家の内的分裂からあらわれたものでもあるのだから、その軍隊は、国民国家の軍隊の原型をなすと同時に内的亀裂をもはらんでいたのです。じっさい、その後のパリの蜂起には、一八七一年のコミューンを頂点として、この国民軍を介した民衆の武装が大きく寄与しています。人民によって構成される軍隊とはきわめてアンビヴァレントな存在なのです。じつはフランス革命軍よりまえに、戦争に「人民と［その］イデオロギーがなだれこんだ」[32]のは一七七五年のアメリカ独立革命でした。そこでは、ジョージ・ワシントン率いるアメリカ植民地の民衆が宗主国イギリスの国王の軍隊に対してゲリラ戦を行使し、正規軍に勝利し、独立を獲得したのです。ここからみえてくるのは、一九世紀以後の主権国家の内容をなす国民国家とそれらの構築する体制が、各国家の内側に敵対性をおりこんでいることです。まさに、大革命以後、一九世紀フランスの課題は――第三共和制が福祉国家というとりあえずの解決を与えるまで――「革命を終結させること」になります。

シュミットもまたここでアンビヴァレントであるようにみえます。先述したように、戦後のシュミットにおいて、敵対性は懐柔されるためにこそエスカレートされねばならなかった。しかし、ここでは異質な敵のあいだ、つまりヨーロッパ公法の秩序のもとでの「在来的な敵」と、ヨーロッパ公法の枠外にあるパルチザン戦争が復活させた「現実の敵（wirklicher Feind）」のあいだでの振動がみられるのです。[33]シュミットのウルトラ・ポリティクスは、君主国間の傭兵による、敵意に乏しくやらせもありの、ある意味でかなり「真剣味」が不足した「在来型の戦争」よりも、ナポレオン戦争がそもそもはらんでいたパルチザン的な敵対性の強度――政治的関与の激烈さなど――を要請するものです。この敵対性の強度は、それ自体では、総力戦ひいてはナチズムのような人種的な殲滅の激烈さにも流れこむことを、論理の内側からは否定できない。したがって、その強度は、主権の枠からはみでてはならず、主権のうちに回収され、服属させられねばならない、となります。しかし、戦前においてシュミットは、主権を、むしろ敵対関係の強度を高次化するための、世俗レベルでの神学的中心に据えていたわけです。ところが戦後は、敵対関係の強度を懐柔するものとしても機能させられる。そこに、シュミットのパルチザンの理論の矛盾も根ざしているようにおもわれます。[34]

それに対し、民衆的防御はパルチザン戦争ないし人民戦争とは少なくとも概念上では区別されねばならない。シュミットがパルチザン戦争の端緒にすえるスペインの例は、ナポレオン戦争の時代、つまり国民国家の形態をとる主権国家における戦争の反射として生まれてくるものでした。「……パルチザンの理論にとって、おおむね、その非正規性の力および意味は、パルチザンによって問題とされた正規なものの力および意味から、逆に規定される……」。「一八〇八年のスペイン・ゲリラ戦争のパルチザンは、最初の近代的な正規軍に対して非正規闘争を敢行した最初のもの」[35]であった。そしてそれが、現実の敵を（再）発見するのです。「抑制され枠づけられた戦争という在来的な敵対関係から転じ、別種の、つまり現実的な敵対関係へとおもむいたのである。その現実的な敵対関係は、テロと逆テロによる相互の絶滅にまで、互いにエスカレートするのである」。このエスカレートを食い止めるのが、おそらくシュミットにとって土地であり、それはおそらく主権的なものと重ねられているのです。

パルチザン戦は、やがてゲリラ側へと力関係が推移するにつれて必然的に正規戦へと転じます。毛沢東やヴォー・グェン・ザップが定式化したように、防御―均衡―攻勢の展開をへながら、人民の軍隊は戦力を増強させ、やがて正規戦へと、決戦へとたどりつかねば意味がない。ここでは近代国家の主権的枠組みが、はっきりと前提されています。それにしても、国家とその軍隊に挑みかかる戦争機械としてのゲリラが、国家機械に取り込まれ、その性格を変えるときに生じる悲劇については周知の歴史があります。たとえばそのような経路をたどったのが毛沢東の中国です。一九六六年からはじまったプロレタリア文化大革命において、人民解放軍は「社会の生産活動や政治の在り方だけではなく、民衆の社会生活と精神活動や道徳まですべてを律する」模範となりました。[36]それ以前から毛沢東は「鉄砲が政権を生みだす」というテーゼに代表されるような特定の条件における軍事的経験やその特殊な条件下で獲得されたパラダイムを、平常時の政策や世界戦略にまで拡大する傾向があり、それが数々の失敗を生みだしてもきました。文化大革命はその傾向のひとつの極限に位置するようにもみえます。文化大革命についてはとてもひとことで判断をくだし、それでおしまいといえない、理念的にも現実的にも複雑きわまりない現象ですが、だとしても、死者一〇〇〇万人、被害者一億人といわれる（正確にはまだわからないのです）無惨な数字があとに残されたのです。

それに対して、ゲリラ戦がつねに内在させながら、同時にはなれてもいく民衆的防御は、さらに遡行して中世にまでその系譜がたどりなおされねばならないのです。そこではヴィリリオは防御の基盤となる土地は、決して主権と重なるものではない、少なくともヴィリリオの民衆的防御についての議論からすると、むしろ軍事力をうしろ盾に暴力を独占することで集権化をはかり、空間を同質化しようとする動きへの抵抗点である「根拠地」として機能するのです。「人民とイデオロギー」が戦争になだれこみ、徴兵制や国民皆兵が制度化される国民国家の形成以前、封建制のヨーロッパにおいては、一種の軍事階級と文民との模範となる関係性とは、ひとつの空間における二種類の人々の疎遠な関係というものでありました。民衆はそこでは軍事階級（ヴィリリオは「軍事的捕食者／寄生者」と表現しています）としての支配者たち、あるいは国家との距離を維持していました。つまりそこにみいだされるのは、軍事階級と住民、すなわち「文民」のあいだの根本的差異なのであり、その二つの階級間の階級闘争であり、その根拠である文民の権利です。そしてその文民の権利は、抵抗権という武装の権利としてあらわれたのです。

ポストフォーディズムの時代における抵抗権

近代におけるそれとは異なり、中世の「抵抗権（ius resistentiae）」は、「既得権」の「防衛」と相関しています。つまり、構成された権力に対する全面的蜂起、あるいは、rebellio（蜂起）や seditio（暴動）とは区別されているのです。そもそもヨーロッパ中世において「既得権」とは、国家以前の倫理的秩序でした。どんなにえらい王様でも軽々しく手をだすことのできない、みずからも服するべき秩序です（王は領主のあいだでの「同輩中の第一人者」にすぎず、すべての領主はみずからの上位に位置する権力による領土領民への介入を拒否する「特権」（immunitas）をもっていました）。国家はこの倫理規範が既得権に与える保護を規律するものにすぎなかった。中世の法学では、抵抗権にもとづいて暴力の行使が容認される場合は、農民団体や共同体、個別の市民が、「特権（les prérogatives）」を侵害される場合でした。つまり、すでにあるものを防衛する権利であり、「すでに定着していたもの、存続に値するものをまもること」なのです。

こうした伝統の乏しい日本において、「既得権」はもともと否定的な意味をはらみがちであったのですが、しかしとくに近年、市場原理によって社会総体を再編成しようとねらうネオリベラル「改革」は、この「既得権」の否定的なニュアンスに最大限につけこむことでヘゲモニーを獲得していきました。たとえばここ数年の日本では、ホームレス（野宿者）や学生がずっと使用してきて共有地のようになっている空間を、不当な手続きによって剝奪する動きとそれに抵抗する闘争がめだちます。その渦中で、改革に抵抗する「守旧派」、時代遅れの「既得権」にしがみつくものという罵声を、抵抗する側が浴びせかけられる状況があらわれることはしばしば観察されます。あるいは、労働組合のような中間団体がこれまで長年にわたるたたかいの積みあげによって獲得してきた権利が、ネガティヴな「既得権益」の守護者として一括りにされ一夜のもとに解体されることもよくみられます。ここでの欺瞞は、「保守革命」はつねにそういうものなのですが、もともと支配的地位にあるものがみずからの地位を保守することや、みずからの権益を拡大させるにすぎないことが、あたかも進歩のようなみせかけであらわれてくることです。ここには巧妙な言説上の政治が作動しているのです。ネオリベラリズムの統治の衝動は、「既得権」と一括されているものの多くを生みだした、いずれにしても転覆であるような〈出来事〉にむけられています。たとえば、わたしたちが無意識のうちに享受している多くの権利や自由は、しばしば血塗られたものである過去のたたかいのもたらしたものです。わたしたちのさまざまなふるまいのうちには、こうした既存の秩序の転覆の身ぶりが反響しているのです。現在の統治のうちには、こうした、過去に生じていて現在の事象を貫いている——たとえ弱々しいかたちであれ——〈出来事〉を排除したいという衝動があるのです。

ところで、ヴィルノによれば、敵対性を絶対的な敵対関係、絶対的な敵意にまで上昇させていたのは、じつはシュミットが固執した主権という問題設定です。というのも、そこで闘争は中心をいかに獲得するか（「主権者はだれか」）をめぐるものになりがちであるのですから、主権は潜在的につねに敵対性を内戦へとエスカレートさせる可能性を秘めた条件なのです。シュミットは先にふれたように、とくに戦後、現実的な敵の絶対的な敵への上昇をみずからの理論内部で処理することに手を焼いているようにみえます。そこには、シュミットが絶対に手放せない主権という審級に原因があるのではないでしょうか。先ほどあげたユーロ・テロリズムの問題も、レーニン主義的パルチザンの延長にある、あるいはその「インターナショナリズム」にある、というよりは、むしろその行動や理念が主権あるいは国家によって強力に枠づけられているというところに求めるべきではないでしょうか。

いずれにしても、この絶対的な敵のモデルはもはや放棄されるべきです。というのも、絶対的敵のモデルは、それが十分にラディカルではないからです。それは「資本主義国家の経済的―法的秩序づけを掘り崩し、主権という事実そのものに挑戦するもろもろの紛争にはまったくふさわしくない」[37]。中世的な「防御」の観念が呼び戻されるのは、このような、近代国家が衰退し〈帝国〉へと主権が転位していく――一種の中世が回帰したとも指摘される――現代的文脈なのです。つまり、それは、主権の設定によって形成された円環を拒み、集権的・求心的な流れに抗い、特異性の発揮と分散をめざすために連合をくむ、「複数的な経験、非国家的な公共圏の出現のきざし、革新的な生のあり方」[38]

をまもるための敵対性です。

なにやらむずかしげですが、ここではまず、先ほどホッブズをあれこれ俎上にのせてみたさいの言葉遣いをもちいてみましょう。まず、個々ばらばらでまとまりのない人間や集団であふれている「自然状態」を、たんなるカオスに充ちた恐怖の空間として表象するやり方をやめる必要があります。そしてその自然状態を、生産的な生活の実験やひらかれた人々の組織や経験の場として肯定してみます。前述したように、強調しなければなりませんが、全体主義的傾向と個人主義とはなんら背反するものではありません。孤立化は、同質化と中心への従属をうながすための権力の基本的な作用なのですから。ネオリベラリズムの統治が、まさにこの権力の作用をひとつの核心にすえていることはみてきました。それは人々を市場原理のエージェントとしての個体、「自己責任」の個体として孤立化させ、不安と恐怖を媒介にして個体を市場と国家に対して無防備にひらかせながら——「情報公開」とか「アカウンタビリティ」とかいろんな名がつけられます——、特異性という意味での個を消去していくのです。いまや集団に対して個を対置するのはますます無意味です。ひとが個に還元されていけばいくほどあらわれるのは全体です。個は全体を構成する頭数に還元されていくのです。

問われるべきは、開放性を唱えながらただひとつのゲームへの服従を強要していく力に対抗するための集団性のあり方です。かつて谷川雁は「連帯を求めて孤立を恐れず」といい、全共闘運動はこのスローガンを継承すると同時に転倒もしました。「孤立を求めて連帯を恐れず」というものです。ここに尽きているかもしれません。わたしたちが本当に各々の特異性を発揮し、また承認しあうためには、なんらかのかたちの集団性が必要なのです。

特異性だとかいうとなんとなくわかったようなわからないような感じもしますので、ここでもうすこし具体性を与えるために、「エキセントリシティ（eccentricity）」という言葉を使ってみます。ふつうエキセントリックな人、というと変わり者とか困った人、奇人というあまりよくないニュアンスがあります。たいていの場合、実際そうなわけですが、しかし、個とはそもそもエキセントリックなもの、というか、エキセントリシティのなかにしか個はないと考えてみた方がいいとおもいます。ファシズム体制のなかにも個はありますし、「全体主義」体制のなかにも個はあります。それは、いわば「セントリック」な個、中心にむかってひとつにまとまる求心性を帯びた個です。同質的で規律のとれた「統一と団結」のなかの個です。それに対し、そうしたひとつにまとめようとする求心性の運動からつねにはなれようとする離心的な運動もあります。eccentricityという語のekあるいはexとは、中心からはずれる、脱けでる、すなわち、out of centerといった意味をもっています。だれしもこうしたエキセントリックな部分をもってない人はいないとおもいます。いまの日本ではとくに、こうしたエキセントリックな部分を駆りだし、それをミニマムなものに叩いて、それで残った個が個であると考えられがちです。「中立的であるべき」とか「バランスをとるべき」「偏ってはいけない」

といった発想には、こうした特異性なき個への規律が作動しています。そうではなく、個とは、むしろ、この中心からはなれようとする運動のなかにはじめてあらわれる、というか、この運動そのものなのです。そして、このようなエキセントリシティを保障するのは、国家のように、人を孤立化させつつ全体にまとめあげるような装置ではなく、むしろその全体化と孤立化の動きを懐柔したり、その動きから防御したり、あるいは、その動きからの離脱を促進したりする特定の集団性なのです。図式化するならば、まずなんらかの人間が切り結ぶ関係の渦があって、そこからの遠心的な動きが個を形成するというとらえかたがある。それに対して、まず個があって、それが全体を形成するというとらえかたがある。後者は、近代国家を、力の作動の結果から眺めた視点です。日本の大衆文化の好む集団性のありかたに小集団というものがあります。『七人の侍』でもいいし『三匹』シリーズ、『大江戸捜査網』、『必殺』シリーズでも、あるいはさかのぼって『白浪五人男』でも、はたまた『ガッチャマン』でも、あげればきりがないようにおもいますが、組織にたたかいをいどむ孤独な都市戦士といったハードボイルド的想像力よりも、あるいは梁山泊的というか群像劇的想像力よりも、こちらのほうが好まれたような気がします。組織からははぐれたなんともエキセントリックな面々が、リーダーはいるけれども基本的に水平で各々の個性を存分に発揮できる——というかそういうかたちで寄与できなければ、すぐに窮屈だといって去ってしまうようなわがままな人間たちです——組織なき組織をつくって大活躍、というストーリーを日本社会は好んできまここで「した。これは一面、あこがれでしょうが、他面では、このようなかたちで個というものを保障してきた人々の日常とそれがはぐくむ民衆的想像力というものの存在を示唆していたるともおもうのです。

このように考えてみましょう。孤立と服従の悪しきセキュリティに対する「解毒剤」として、第二のセキュリティである防御という意味での敵対性が作動する。そんな敵対性において、敵は、「さまざまな場面で、正弦曲線を描く逃走の線にいくども交錯する線分」[39]としてあらわれる。移動の強制と土地という持続のメルクマールによる抵抗という民衆的防御の構図は、ここでは刷新されるでしょう。主権以前の多元性・分散性の維持という中世の民衆的防御の構図が文字通りの保守的な志向性に貫かれているとすれば、現代における防御においては、刷新や移動性、流動性がまずあって、次に、その条件がひらく革新性を保障する、防御すべき領域性があらわれるのですから。抽象＝切り離しがまず条件としてあるのです。ヴィリリオの議論には抽象＝切り離しへの恐れがつねに作用しています。そしてそれは、基本的には大地からの抽象への恐れのようにおもわれます。セキュリティが持続にむすびつけられ、さらにその持続の範型が大地と設定されるのです。そこにはヴィリリオが「環境」について、農村をモデルにして、「エコロジカル」にとらえていることが文脈にあるようにおもわれます。しかし、根源的に環境を喪失した人間にとっての「環境」には、その都度、時代や社会編成のもとで、自然やテクノロジー、知などのおりなす「第二の自然」「第三の自然」が存在するはずです。ヴイルノは――これはマルクスの線に忠実ともいえるのでしょうが――近代的主権国家が衰退し、だれもが「実質的コミュニティ」が解体しつつあり、「居心地の悪さ」（土地への根づきの乏しさ）こそが公共性を獲得しつつあるいま、もっとも抽象的な次元こそが共有される「環境」であると想定しています。ポストフォーディズムにおける主要な生産力である〈知性〉です。[40] しかし、わたしはここでは、それをより具体的にいうことはできません。いずれにしても、ヴィリリオのような袋小路を避けるのであれば、この「居心地の悪さ」つまり「土地の喪失」を条件として、べつの速度や編成をみいだしたり組織していくしかありえないようにおもうのです。

とすると本当に重要なのは、速度一般とそれへの抵抗のあいだの敵対ではなく、速度の組み合わせの差異のあいだの敵対なのです。この領域性を基盤にした抵抗は、したがってかならずしも中世のように法を基盤にできるわけではありません。ヴィリリオがすでに七〇年代に絶望的に見越していたような、軍事的なものが市場原理主義とからみあって空間や生活全般を捕捉するという状態はますます深刻化しています。かつて公共性を帯びていた都市の空間や街路が私有地化され、それゆえにそれらを活用する余地が失われていくという趨勢も強まっています。こうした傾向を文脈として、空間を転用した「不法占拠」のようなかたちで領域性が獲得され、「既得権」としてそこに居ることの正当性が積みあげられていくといった事態が、近年、きわだっているのです。そうした事態は、かつては、わりとありふれたものでした。もちろん、排除がなかったどころではありません。しかし、社会のうちの、法とはまた区別されたある種のルールや漠然としたコンセンサス、あるいは力関係が、そうした空間の転用、ありていにいえば空間の使用をめぐる自由を、ある程度保障していたようにもおもわれます。現在、消滅をむかえているのは、そのような社会のはらむ柔構造であり複数構造なのです。たとえば、野宿者がテントをつくって公園の一部を占拠するなどという場合は、みえやすい事例でしょう。このところ、行政による排除があるたびに、話題を呼んできました。それではいま、このような、一定の実定法に背く場合のある「既得権」をどのように正当化していくのか？　国連の社会権規約などにはすでにこのようなケースは想定されています。しかし、「実質的コミュニティ」が解体し、「難民」がハードケースとして集約するような「居心地の悪さ」（土地の喪失）が、雇用の流動化のようなかたちでも全般化するなかで、こうした「既得権」を基盤にした「抵抗権」の刷新は切迫したものでもあるでしょう。

ヴィルノによれば、この文脈において、防御そして敵意は、「絶対的なもの」ではなく、「際限なく反動的」なものとなります。戦争と平和の中間状態を永続化させ、「一般意思」に還元されることのない、非国家的な政治的意思決定の多元化がむしろめざされねばならない、そうヴィルノはいいます。

たとえば「みんな出て行け、一人も残るな」というスローガンが打ち出された二〇〇一年一二月のアルゼンチンの蜂起のさいにみえたのは、ネオリベラリズムの統治が社会に紛争と混乱をもちこみ代表制を空洞化させたものの、その「カオス」の解消をあらたなリヴァイアサンにゆだねることをもはや拒絶し、むしろその「無政府状態」をオルタナティヴな自主的秩序としてかたちを与えていこうとする民衆の欲求の噴出のようにおもわれます。[41]ここでいう無政府状態は、しばしば無政府状態とあやまってイコールでむすばれる「無秩序」ではなく、「主権の回復」をありうべきただひとつの「秩序」のメルクマールとみなす近代的主権の論理の拒絶なのです。

こうした状態はかねてよりしばしば歴史のなかにあらわれます。一八七一年のパリ・コミューンをあげてもいいでしょうし、上海コミューン、ロシアにおける二重権力下のソヴィエト、ドイツ革命のさいのレーテ、敗戦直後の日本における生産管理闘争などなど。民衆の圧力やシステムの解体によって政治家や経営者たちが逃げだしたり統治不能となったりで、主権が宙づりになった状態において、自然発生的な合議体が生まれ、それを通してデモクラシーの生産的な実験がくり広げられる。そんな事態が近代史には一貫してみられます。しかも、この革命の最初の果実であり、かつ革命の母胎でもあるような動きは、その過程のうちで忘れ去られます。ハンナ・アーレントをして「革命の隠された宝」といわしめた「歴史上しめしあわせてもいないし、これといった理論もないが、なぜかひんぱんに生じる不思議な」現象です。彼女はこの「あらゆる真正の革命に姿をあらわす」ような「自由のあたらしい公的空間」をひらく合議体であるアッセンブリーを、先ほども述べたように革命の「隠された宝」として称えました。「きまって人民の自発的機関として生まれ、すべての革命政党の外部に発生するばかりか、党とその指導者のまったく予期に反して姿を」あらわすのですが、革命的伝統すらそれを忘れ去るか、あるいは一時的な機関にすぎないと位置づけられるかぎりで歴史にかろうじて名をとどめます。たとえば、一九一七年のレーニンは、自然発生的にロシア各地に形成され帝政にとどめをさしたソヴィエト（評議会）にあとからのりこみ、それをフルに利用しながら――「すべての権力をソヴィエトへ」――ひとたび権力をにぎるや、その核心である直接的なデモクラシーの要素を徐々に骨抜きにする傾向をみせはじめ、後継者たちはその精神を一片たりとも残すことなく排除しました。皮肉なことに、その名だけが国名にきざまれることになったわけです。「みんな出て行け、一人も残るな」というスローガンと、そのスローガンが集約する諸実践は、あきらかにこの「隠された宝」に属しているようにおもわれます。それは、近代的主権につきまとう悪循環を、最悪のかたちでいくども経験したラテン・アメリカ――たとえばチリのアジェンデ政権やニカラグアのサンディニスタ政権の転覆――の人々によって実践された根本的なオルタナティヴであり、リヴァイアサンからの人々の防御というかたちをとったわけです。

パオロ・ヴィルノであれば、敵対性そして暴力も、この水準に位置づけなおされねばならないというでしょう。ヴィルノのいう抵抗権においては未来のためにではなく、「過去」のために行使される「保守的暴力（violence conservatrice）」となります[42]。それによって、敵対性、そして暴力は、敵や敵意を絶対的な次元にまで上昇させる、ある鏡の関係から解放されるのです。

ヴィルノのいう「保守的」暴力について、ここでは暴力とも非暴力とも区別して「反暴力」と呼んでおきたいのですが、その「反暴力」についてはもう少し具体的イメージが必要だとおもいます。サパティスタ民族解放軍（EZLN）はそれにふさわしいかもしれません。

EZLNは、一九九四年、北米自由貿易協定（NAFTA）発効の日、メキシコ南部のチアパス州で武装蜂起したゲリラ集団です。サン・クリストバール・デ・ラス・カサスをはじめ、チアパス州のいくつもの町を占拠し、二週間ほど政府軍と交戦したあと、密林地帯に入って持久戦に転じました。EZLNは、その名に刻まれているように軍であることはまちがいありません。EZLNは軍隊として組織され、また軍隊として承認されるために国際的規約を尊重することを公にしています。正式に戦闘布告をおこない、軍服と階級、その記章が身につけられ、武器を携帯し、軍隊の階級性と軍隊的規律をそなえているのです。しかし、この「軍隊」は、みずからの消滅のために戦う軍隊として位置づけられています。マルコス副司令官は次のように戦争について述べています。

われわれは戦争の信奉者ではありません。戦争とは、絶望的になっているときに、もはや他に解決策がないときに、下される決定なのです。われわれは武装蜂起するために一〇年間準備してきました。武器を手に闘うために、われわれは一〇年間、とても厳しい訓練を受けてきました。だが、実を言えば、われわれは、いつの日か兵士がもはや必要でなくなるようにするために兵士になった戦闘員なのです。われわれは、もう兵士がいなくなるようにするための兵士なのです。われわれはこの自己消滅への道を、自身が消滅する運命にある職業の道を、選択しました。われわれは武装闘争を、一九六〇年代のゲリラが考えていたように、唯一の道、唯一の手段、いっさいを決定する唯一の真実であるとは、思っていません。われわれにとって、武装闘争は、変化し、進化していく一連の闘争形態のひとつの段階なのです。だが、この段階を超えて進むことができます。というのも、戦争は実際には絶望的な手段だからです。それは、政治と自らの社会的諸条件と女性の待遇と自らに対する人種差別主義に絶望している人びとが採用する手段なのです。[43]

奇妙なことに、この「軍隊」は権力の獲得、主権の獲得とは無縁であろうとしています。それだけではなく、自己の消滅を目標としてはっきりとしめす異例の軍隊なのです。そこでは、次にとりあげる向井孝による、「国家体制に対してゲリラの闘いをすすめることで、それがふたたび国家という暴力機構にとらえられてしまうという悪循環を、どのようにして、どこで絶ちきることができるのか」という問いが提起されているのです。サパティスタの戦略は、あきらかに国家主権の時代の終焉の展望とともにあらわれています。マルコス副司令官は、ネオリベラルなグローバリゼーションを第四次世界大戦と位置づけ、それを「あたらしい領土獲得戦争」とも呼んでいました。ＮＡＦＴＡがそうであるように、チアパスの蜂起は、逆説的にも移動や流通の強制としてあらわれている多国籍企業による「領土獲得」に対する抵抗だったともいえるでしょう。そこではもはや主権を獲得することは問われていません。チアパスにおける民衆の抵抗のうちには、とりわけ先住民の要求において、ヴィリリオが「民衆的防御」とする要素がみられますが、ただ保守的というのではなく、インターネットを活用するという戦術にみられるテクノロジーと土着性のあらたな関係性、女性や同性愛者への差別をなくす努力など、あきらかにあたらしい質もはらんでいるようにみえます。[44] つまりそこには資本制あるいはネオリベラリズムを通した空間の支配と移動の強制に対して、みずからを「防御」するというふるまいがあるのですが、そこでは土地をまもることを通して、「変化し、進化」すること、すなわち、なにか創造や生成のようなものをまもることが要求されているようなのです。[45]

3　「疑似非暴力状態」と反暴力

しかしわたしたちは、この文脈で、非暴力直接行動についていたち戻らねばならないとおもいます。マイケル・ハートとアントニオ・ネグリは、非暴力とテロリズムはじつはおなじコインの裏表だとし、次の二点で非暴力主義を批判します。[1]

1 それがスペクタクルであること。先に、テロリズムという暴力の種別性をスペクタクルに求めましたが、この点で、テロリズムと非暴力行動（とかれらは表現します）は共謀をしている。非暴力活動はその力を、おもに無力なものへの共感による憤激という道徳的反応を喚起することによってひきだしており、それゆえ力点は、かれらの犠牲者化をメディアに表象させることにおかれる。

2 それがモラルであること。この点については、第一部第二章でふれた論点とほぼおなじです。非暴力行動には宗教的要素がふくまれている。このような道徳的見地においては非暴力活動家の清廉潔白が重要視される。それによってかれらが正義の側にあることが保証されるのだから。このような傾向は、浸透するPC的態度とうまくからみあって、禁欲的な無力化を運動にもたらしている。

市民社会が衰退して〈政治的なもの〉も凋落するいま、テロと非暴力の両極がその〈政治的なもの〉の真空を埋めるのだ、というわけです。わたしたちの当初の問題設定も、雰囲気としての非暴力が無力をもたらし、それがむしろ暴力を肥大化させているのではないか、という疑義でした。だから、ハートとネグリの基本的な主張の線は踏襲できるにしても、非暴力直接行動について、こうした指摘にとどまるとはとても考えられません。たびたび指摘してきたように、非暴力がかならずしも無力であることとむすびつかないことは、ハートたちとは異なり、ガンディーやキングに即してもいえることだとおもいます。また、つねに非暴力行動が、メディアの表象を必要とする間接的行動というわけでもない。暴力／非暴力の区分の手前で、直接行動についてきちんと考えなければならない、ということかもしれません。

こうした問題についてのきわめつけの重要なテキストに、アナキストの向井孝による『暴力論ノート』があります。[2] 小さいけれどもまちがいなく名著です。いろいろ検討していると、大変になるので、いくつかポイントをとりだすと次のようになるとおもいます。

非暴力とはたんなる運動の戦術ではないしモラルでもなく、人々の日常的な生活状況――生産や労働、その果実の享受、そして創造活動――、ひいては生そのものである。これが議論の核心です。生産や労働も、そうした社会生活の非暴力的持続と不可分の関係にある。非暴力は、不可視であり、抽象的、精神的、持続的、受動的、消極的、日常的、つまりなにごともないという状態である。この非暴力状態は、直接行動とむすびつくことではじめて可視化され、力としてわたしたちの眼のまえにあらわれます。たんなる暴力がないという状態ではなく、「自治管理社会として非暴力状況をみずからで具現すること」（強調引用者）が非暴力社会と呼びうるものなのです。というのも、たんなる暴力がないという状態は、かれいうところの「疑似非暴力状態」、わたしたちの無力と引き換えに、国家が暴力と支配とを独占し、それをしばしば不当に行使する状態と共存しているからです。

すこし敷衍してみましょう。わたしたちの生産や労働、社会生活の持続は、非暴力的持続と不可分にある、というのはわかります。たとえば、仕入れ先をめぐってライバル会社と血で血をあらう抗争が頻発し、会社までいくのにも荷物を運搬していてもいつ刺されるかわからない、などというやくざばりに緊迫したところで、こうした活動を持続していくのはむずかしい。したがって、わたしたちの生活のいとなみは、非暴力状態をなにがしかの仕方で前提としているわけです。ところが、こうした生産にまつわる非暴力状態は、かつての植民地経営でも現代のグローバリゼーションでもいいのですが、露骨に国家の暴力によって保障される場合があります。むかしもいまも海外進出する企業は「治安」のよい場所をほしがります。生産の安定が利益の持続的確保に必須だからです。この「治安」にはもちろん労働争議もはいります。争議を苛酷に弾圧してくれるような政府はかれらにとっては人気があり、たいがいそれが人権もなにもあったものではないような、たとえば組合を結成しただけでも犯罪視されたり、はなはだしい場合には殺害されたりする独裁政権であったりします。そしてその独裁政権を、世界でもっとも自由であることを誇る国家が支えます。たとえばアメリカの例にみられるように、民衆によって独裁政権が転覆されようとすると、その維持に露骨に介入することもあります。まさに、このような場合にみられる企業の視点からみた非暴力状態は、まさに疑似的な非暴力状態の典型です。

向井孝のいわんとすることは、わたしたちの社会もおおかれすくなかれこのような疑似非暴力状態にあるということです。わたしたちの社会でも戦前は労働争議に、国家も私的暴力組織（やくざ組織）もこぞって暴力的に介入しましたし、戦後も、弾圧はもちろんやくざも動員されたし、第二組合（御用組合）の支援だのなんだのさまざまなやりかたで介入しました。その長期にわたる抗争の結果が、現代の疑似非暴力状態です。だから、こういう問題を考えるときは、ここ一〇年、二〇年のスパンで考えては絶対に状況をみあやまるのです。なぜなら、それによって、歴史的過程――あるいは諸抗争――の産物であり、また独自の諸装置でもって作動しているはずの疑似非暴力状態が、あたかもまもるべき非暴力的状態と混同されてしまう傾向が強化されるからです。それに、どんなに現在の支配の状態が確固としてみえても、原則的には、もろもろの力関係のうえにたまさか浮上している楼閣にすぎないのです。たとえ善意であったにしても、「暴力はいけません」というかけ声が、さまざまな暴力の帰結であり、かつ、暴力を条件として維持されるシステムを強化してしまうことはあるのです。

ふつう、日本で観念されている「非暴力」はこの疑似非暴力状態であるにほかなりません。つまり、たんにわたしたちが無力であり、したがって「波風もたてない」というか「波風もたてられない」状態の肯定です。ニーチェのいうロバの「さようさよう」でもあります。この非暴力状態は、わたしたちが無力であればあるほど強化され、そうであればあるほど国家による暴力の独占やその行使を強化します。冒頭で述べた、「暴力はいけません」という声がたかまればたかまるほど、なぜか死刑を求め戦争をのぞむ暴力の肯定の強度がたかまるという逆説をとく鍵のひとつがここにみつかりました。つまり、疑似非暴力状態を肯定すればするほど、その状態をささえる暴力の行使はノーチェックになり、野放図になっていくのです。

それでは、非暴力状態は、直接行動とむすびつくことではじめて可視化され、力としてわたしたちの眼のまえにあらわれる、という向井孝は、それではなにをいおうとしているのでしょうか。直接行動について向井はこう定義しています。「直接行動とは、他のものを通さず、自分のちからで、自分の必要なものを求める行動」である。この直接行動の定義は、ただ抵抗のスタイルというのではなく、むしろ生活のレベルでの自律的活動のこともふくまれているのです。

たとえばガンディーによるおそらくもっとも有名な非暴力直接行動に「塩の行進」というものがあります。一九二〇年代、いまだイギリスの植民地下にあったインドには、塩税法というものが課せられていました。塩税法によって、インドにおいて、塩はイギリスによる独占専売であり、海岸に住む者も勝手に塩をつくることを禁じられました。一般の農民にとって、年間の塩税額は三日分の収入に等しかったとされています。ガンディーは、一九二九年末にインド総督に地租の切り下げ、軍事費の削減、外国布への保護関税、政治犯の釈放などに加えこの塩税廃止もふくめた一一項目の要求を提出。この要求が容れられなければ、塩税法を破る不服従運動をおこなうと通告しました。もともと情勢からすれば受け容れられるはずもない要求であり、予想どおり却下されるとただちにガンディーはムスリム、キリスト教徒、不可触民たちがまじりあった七八人の弟子とともに海岸まで約三八〇キロの「塩の行進」を開始します。当時ガンディーは六〇歳。この「巡礼」の行列に、多くの人々が熱狂的に参加します。もともと製塩のさかんな、しかしいまはそれが禁じられている海岸に到着すると、ガンディーはみずから塩税法を破り、塩をつくります。この行動が口火を切って、インドでは塩税法を破り、みずから塩をつくる大規模な不服従行動が拡がるのです。塩税法の問題は、いま生じているグローバリゼーションのもとでの「バイオ・パイラシー」の問題とも構造は似ていますが、この出来事を向井は次のように解釈します。

・塩を必要とする農民が、その当事者本人としてそれを求めること。
・「みずからのために生産するということを通して、権力者と人民の関係、生産者と生産に寄生して収奪浪費するもののすがたをあばきだす」活動であること。
・だれからも強いられたわけではない、その結果をみずからに個人の責任において引き受ける意志のもとになされる自治管理の活動であること、権力による垂直のコマンドを超えた必要によってなされる生産活動であること。
・間接手段というかぎりでの政治の拒絶、それによってこの意味での政治の必要性を疑義にふすこと、民衆のいとなみであり生活と密着していること、生産と関係して自立的に日々のいとなみを管理すること……。

向井は、ガンディーの非暴力の抵抗を、このように積極的な直接行動と不可分のものとして把握することで、非暴力社会の展望とむすびつけ、さらにその思想のはらむ射程を大幅に拡大してみせたのです。生産や消費のいとなみの持続を保障する疑似非暴力状態は、植民地経営やグローバリゼーションのもとでの途上国、あるいは国内でもいわゆる貧民街や寄せ場といった場所で露骨にあらわれるように、暴力とその絶えざる行使なしには維持されませんでした。とすれば、わたしたちの持続的いとなみを疑似非暴力状態に仕立てている搾取や行政システムは、そこに委譲している――たとえば選挙はそのための制度です――わたしたちの(権)力を、たえずみずからのもとにとり戻すように組織しなおすことによって掘り崩され、かわって非暴力状態が構築されるのです。

向井の考察は、疑似非暴力がわたしたちの無力と暴力とをひきかえにするという論理をみきわめ、直接行動というか直接活動を通じてそのシステムに揺さぶりをかけ、非暴力状態を展望するというものです。暴力という視点からいえば、暴力の抹殺をともなった暴力と対抗暴力のループに対して、暴力を抹殺しないことによって暴力のループを切断し、暴力の強度を低下させるというものです。したがって、向井は暴力をしりぞけるわけではありません。非暴力も暴力も生の二つの発現形態であることはまちがいないのです。

ここで「反暴力」という概念が必要になります。向井は次のような例をあげます。生産点における労働者による自主管理がつづいているところに、機動隊が突入してくる、そこに一見、暴力的にみえる攻防があらわれる。しかしそこで行使される「反暴力」は、直接行動の回復、つまり生産労働の権利の奪還というなかでの本質的に非暴力を指向するものであり、暴力的な闘争と同質のものではない。

疑似非暴力体制の崩壊過程状況に対応する人民の側の反暴力、云いかえれば生命力としての、ちからとして、限定的にあらわれたものである。／生命力と社会暴力の最大の相違は、後者がその暴力組織機構を自己肯定的に、ますますエスカレートする以外の道を持たないのに反して、前者の暴力は、限定的・条件的であり、常に非暴力へと収斂する反暴力であることである……一見まぎらわしいこのことを区別する決定的な基準は、その行為が、根本的にどのように生産労働と関連し、かつその確保と結びついているかでしかないだろう。

ここまで考えてきたこととおなじ問いが立てられています。まず生命力としての力がありあます。この力が、社会的過程によって、国家として組織されその軍隊としてさらに組織されれば「社会暴力」となります。それに対抗する側が、この論理に沿って歩めば、みずからもエスカレートの道をひたすら歩んでいくという危険におちいるのです。この論理の道筋こそわたしたちのものともおなじですし、重要なものです。つまり、暴力と非暴力というカテゴリーの手前、あるいはそれらもふくみこんだ外延をもつ力の平面を、第一のものとしてみるということです。くり返しになりますが、現実には、暴力とも非暴力とも名指しがたい、その両極のあいだにあって力の行使と衝突は遍在しています。より正確にいえば、力の行使と衝突という動態がまず存在し、それがしばしば暴力とか非暴力という状態を生成させるのです。そのプロセスのただなかで名指しや言表も抗争しながら、そうした状態の生成に介入します。

国家あるいは統治権力は、その衝突そのものを暴力と名指そうと待ちかまえています。国家には、人々の力の発現そのものを嫌い、さまざまな制度を挿入し間接化させることで、それを遠ざける傾向があるのです（たとえば、アメリカの選挙制度は、その範囲と人口が大きすぎるから間接性をたかめたわけではありません。『フェデラリスト』がはっきりいっているように、むしろ民衆の意志を遠ざけるために、あえてひとつの意思決定の単位を大きくとって間接性をたかめたのです）。そして、みずからの物理的な暴力の行使を言表上では不可視にしようとします。「暴力はいけませんといいながらすさまじい暴力がふるわれる」という暴力の逆説のその論理の生まれる場所はひとつにはここにあるのです。暴力を抑えるという「正しい」名目があればどれほど暴力をふるおうとそれは暴力としては認知されません。戦争も基本的にはその論理の延長線上にあって、そこではオーウェルのいうように対立物が一致します。すなわち、戦争とは平和であり、平和とは戦争なのです。ベトナム戦争を筆頭にして、戦争したいときむこうから仕掛けたことにするというでっちあげが多々みられるのもそのためにほかなりません。「暴力はいけません」という暴力をふるうための最大の口実が生まれるからです。

よく海外のデモでは、スターバックスのガラスが割られたり、自動車が燃やされたりする場合があります。ときおりわたしたちがびっくりするのは、それがしばしば非暴力行動とみなされていたりすることです。特定の器物の破損をふくめて非暴力的行動がそれを戦術に組み込むことのできる環境もあるのです。それは「お国柄」でも統治権力が寛容だからでもありません。統治権力の衝動は例外なく、みずからにあらがう力すべてを不正である暴力としたいのです。すべては、民衆や住民と統治との力関係によるものです。統治権力が寛容になるとしたら、それはそうせざるをえないからそうしているだけなのです。民衆の正当な（「合法」とは一致しません）実力の範囲をどこまで拡げるかは、疑似非暴力状態を社会がどこまで相対化できるかにかかっています。つまり、疑似非暴力状態の維持にひそむ暴力にどれほど自覚的か、あるいはそれを告発する周縁的な声が共鳴を呼びやすいか、そして、じぶんたちの力にどれほど肯定的か、です。それは具体的には、上から与えられたルールを、社会のうちに胚胎されたべつのルールや基準、倫理でもってどれほど相対化できるかという問題でもあります。

たとえば、これについては最近の示唆的な例があります。[3]一九九九年のシアトルでの反グローバリゼーションの大規模な行動のさい、運動ネットワークの取り決めたきびしい非暴力行動の規約を拒否した一部の若者たち（「ブラック・ブロック」といわれる戦術を行使する人たちです）が緊張をひきおこしました。おもしろいのは、行動のさい、実際に生じた暴力沙汰といえる唯一の出来事は、そのブラック・ブロックを平和主義者たちが攻撃し、当のブラック・ブロックはそれをなすがままに受けとめた——ブラック・ブロックはみずからを独自の仕方で非暴力主義と考えているのです——というものです。「暴力はいけません」といいながら行使される暴力の事例がミクロなレベルですがここにもみられるのですが、それは脇道のはなしで、重要なことは、そのあとです。どちらもおのおの反省をしたのです。ブラック・ブロックの若者たちは、平和主義者が交差点を封鎖しているあいだ、スターバックスの窓ガラスなどを破壊し、警察がくると逃げだしました。これを反省しました。他方、平和主義者たちは、かれらを警察に通報したことを、かれらの行動以上に悪質な行為であったと反省しました。そしてそれらの反省のなかから、各運動潮流の戦術を尊重し、可能なかぎりたがいの効果が発揮できるよう合意形成をもって調整をはかるという、いまにいたる「戦術の多様性」という方針がうまれます。評議会運動の長い系列にも属する合意形成のプロセス（ジェネラル・アッセンブリー）まであわせてみるならば、ここにみられるのは戦術にまつわる方針の問題にとどまりません。独自のルールの形成による疑似非暴力状態への相対化への動きと、非暴力状態の構築への動きもまた、そこにはみられるのです。

これはある意味で典型的な現代の事例です。つまり、こうしたルールの複数性の喪失が全般的に生じているなかで、あらたに自覚的にそれが形成される事例です。

それに対し、疑似非暴力状態がいまのように充分な完成をみる以前の事例も参考になります。一九一八（大正七）年の米騒動を最後のピークとする、日本の前近代以来の民衆蜂起において、たとえば不当に暴利をむさぼっているとみなされた米屋が略奪されるにしても、たいていの場合、民衆自身が正当と考える金銭をその場においていきました。世界的に歴史を通してみられるこの現象を、歴史家たちは「モラル・エコノミー」と呼んでいます。このような契機は、持続の時間の長短はあれ、疑似非暴力状態を相対化し、しばしば解体させるわけですが、それは、民衆自身の実力行使とそれを正当化する倫理観にもとづく秩序の実現によってなのです。そして、現在においても、疑似非暴力状態を中断させ、力の否認と暴力の強化のループを食いとめるのは、このわたしたち自身の譲渡されざる力の肯定の強度と、上からのルールを相対化できる社会のルールの複数化にかかっています。

もう少しこの点について考えてみます。ふたたびサッカーの話ですが、しばしばこういうことを聞くことがあります。[4]日本のサッカーとたとえばラテン・アメリカやヨーロッパのサッカーの一番違うところ、それは、たとえば接触プレーへの対応です。日本ではまず接触プレーはいけません（暴力はいけません、です）、ということを学ぶ。それに接触プレーは非難もされるので、反射的に身体が接触プレーをさけるようになる。これがとりわけディフェンスにはよくない効果をもたらしているとされます。ところが、ラテン・アメリカなどではまず、勝つためにはなんでもやることからはじめて、そのなかでなにをやってはいけないかを学ぶというのです。この違いを、ここでの文脈でいいかえれば、次のようになるでしょう。まず人間がいて必死で生きようとすれば肉体的衝突が生まれるのは当然であると考えて、その前提のうえでルールをとらえ、かつ活用しようとするのか、それとも、肉体的衝突を本来はあってはならないものであり、実際になくすこともできるという「ルールのユートピア」からはじめ、ルールの遵守を人間の生のあり方の最初にもってくるのか。つまり、わたしたちの生がルールに先立つのか、ルールがあってそのおかげでわたしたちがあるのか。後者の発想が浸透してしまっているのが現在の日本社会であることはいうまでもありません。しばしばそれは「日本の礼儀ただしさ」というかたちであらわれることもあります。しかし、こうした「礼儀ただしさ」のなかには、それよりも、わたしたちの生の肯定から入れない現代の日本社会の危うさを感じる場面が多々あります。決してむかしからそうだった、あるいは、そういう要素が優勢だったとはおもいません。あの荒々しくアナーキーな中世社会を想起してもいいですし、近代以降の日本の民衆社会も相当荒っぽいものです。戦後だってある時代まではそうです。そこにはもちろん、決して肯定できないおびただしい暴力があるでしょう。たとえば、米騒動において抗議のために街頭に集まった民衆は、一〇年もたたないうちに今度は朝鮮人虐殺のための自警団として結集しました。このような転倒とその機制を問いの俎上にあげるのも本書の課題でもありました。しかし、それ以前にここで問いたいのは、人間がその生きているという実態——人が生きていれば赤ん坊は泣くだろうし、怒りでわれを失うこともあるだろうし、衝突もあるだろうし、そのあとにはゴミも散乱するだろうし、壁も傷つけられるだろうし、落書きする人間もいるだろうよ、などなど——ではなく、「上から承認されたルール」をふるまいの起点とする考えがここまで全般化した事態は、特定の日付をもつ傾向の帰結であり、きわめて支配的ではあるが趨勢にすぎない——変化は可能でないわけではない——ということです（フーコーの項を参考にしてください）。暴力を代償としない「礼儀」は、この人間が生きているという実態からはじめる指向性の上にしかないとおもいます。もともと社会のうちには複数の異質でときに背反する要素が共存しながら伏在しているものです。わたしたちの身体にさまざまな病原菌をふくむウィルスが共存しているようなものです。あるウィルスが特定の病理として発現するには、複数の条件が必要なのであり——もちろんそのうちに「体質」といったような要素もあるでしょうが、やはりそれも必要条件ではあっても十分条件ではない——それは分析されねばならないのです。

右にあげた『暴力論ノート』の引用部分にみられる考え方は、サパティスタの武装についての考え方と似ています。自己消滅をたえず規範とし、目標とするからこそ、みずからを限定する力です。なるほど、かのボルシェビキも国家の消滅を遠い目標に設定した、あるいはそれゆえに、国家主義と強大な軍事主義をもたらしたではないか、という疑問もあるでしょう。しかし、それに対してもサパティスタは一定の回答を与えているようにおもわれます。まず、主権のパラダイムを回避すること。つまり国家権力を奪取しないこと。さらに、向井のいうような、生産活動に根ざしていること。また、ヒエラルキーの回避とデモクラシーの直接性が指向され、政治が間接化していく傾向が可能なかぎりおさえられていること。

向井孝は、先ほどの引用のなかで「反暴力」という表現をもちいています。この概念を似たような、しかしもっと抽象的な文脈でもちいているのがドイツ思想の研究者だった野村修です。[5] かれがそこで手がかりにしたのはベンヤミンです。それにはまず、ベンヤミンの「暴力批判論」における次のような議論をふまえておく必要があります。

> 暴力批判論は、暴力の歴史の哲学である。この歴史の「哲学」だというわけは、暴力の廃絶の理念のみが、そのときどきの暴力的な事実にたいする批判的・弁別的・かつ決定的な態度を可能にするからだ。手近なものしか見ない眼では、法を措定し維持する暴力の諸形態のなかに、弁証法的な変動をみとめるくらいのことしかできない。この変動法則の基礎は、法維持の暴力はかならずその持続の過程で、敵対する対抗暴力を抑圧することをつうじて、自己が代表する法措定の暴力をもおのずから、間接的に弱めてしまうということである（中略）このことは、新たな暴力か、あるいはさきに抑圧された暴力かが、従来の法措定の暴力にうちかち、新たな法を新たな没落にむかって措定するまで、継続する。神話的な法形態にしばられたこの循環を打破するときにこそ、いいかえれば、互いに依拠しあっている法と暴力

を、つまり究極的には国家暴力を廃止するときにこそ、新しい歴史的時代が創出されるのだ[6]（強調引用者）。

ここでベンヤミンのいう法維持的暴力——さっきから「上からのルール」とやや粗く表現していたものとおよそ等しいです——と対抗暴力の循環は、これまでみてきた、国家とテロリズムが相互に鏡のように暴力をエスカレートさせるような場合に端的にあらわれるものです。この法維持的暴力と対抗暴力をともにベンヤミンは神話的暴力と名づけています。それに対し、この循環を打破し、「あたらしい歴史的時代」を創出する、国家の廃絶とむすびついた力について、ベンヤミンは神的暴力という名を与えました。これはさまざまに解釈できるし、じっさい、さまざまに解釈されてきました。野村修は、この神的暴力の水準にかれのいう「反暴力」を位置づけるのです。あらゆる国家暴力の廃絶の理念を胚胎しているかぎりにおいて、あらゆる暴力を構造化している制度そのものを解体する質をはらんでいるかぎりにおいて、その暴力は「反暴力」として擁護されねばならない、というのです。

この見解が参考になるのは、次の理由からです。反暴力という概念は、どうしても限定的なニュアンスを与えます。それは、法維持的暴力によって余儀なくされたというかたちでの、みずからの限定性をつねに意識された暴力か、あるいは、力のぶつかりあいが必然的に生みだす実力の形態です。実力の形態、というのは、それが「暴力」と名を与えられるかは多くの場合、力関係次第だからです。向井のあげている労働者と機動隊の例に類する話はよく耳にされるでしょうが、それは第一部であげたロドニー・キングの転倒の論理そのものです。つまり、攻撃に対してそれを防御するために手をかざしたふるまいも、暴力への意志ないし暴力そのものとみなされ、治安名目による暴力の行使の対象となるのです。

反暴力という概念が必要とされるのは、なによりもまず、あるかぎられた論点においてです。つまり、そのような暴力の名指しを拒絶する指標のためにです。暴力だ、と名指しで充填させられそうになったふるまいを、とりあえずカッコにいれなければなりません。そのためには、法維持的水準でいわれる暴力の否定については(「暴力はいけません」)、それをしりぞけなければなりません。暴力はわれわれが生きているかぎりそこにあるのであって、それを否定するときに最大の暴力が生まれる、この論理を確認して、どうしてもそこにある力について、それをみとめ(是認するという意味ではありません)、さらには評価する基準がなければならないのです。非暴力がそれ自体で意味をもつとしたら、この反暴力というカテゴリー、あるいは、なんと呼ぶかはともかく、こうしたカテゴリーを必然とする力の領野を前提としてはじめてなのです。そして、それによって、非暴力は、暴力の否定が最大の暴力をもたらすという論理に巻き込まれることをやめるのです。

それともうひとつ、反暴力は神的暴力の水準に位置づけられれば、非限定的で全面的な意味をもちます。それは国家や法を転覆する、政治のゼロ次元をひらく暴力です。究極の暴力のようにもみえますが、究極の非暴力ともいえるようでもあります。ベンヤミンは、法を創設したり維持したりする主権をめぐる暴力である神話的暴力は血の匂いのする暴力であり、それに対して、そうした仕組の一切を解体する浄化的暴力である神的暴力を、血の匂いのしない暴力というのです。ここではその解釈に深入りするのはやめておきます。いずれにしても、わたしたちにとって重要なのは、この法維持的暴力と対抗暴力の循環に対してべつの力の水準があること、それが「反暴力」であること、それは国家の暴力の廃絶というヴィジョンとむすびつくことで暴力の悪循環をまぬがれ、打破すらしうるのだ、という洞察です。

むすびにかえて　『仁義なき戦い』――生と暴力と残酷さ

暴力は〝肯定〟されるのではない。
〝やる〟という行為そのものの中に、熱く、
無償に自己完結するのだ。
（東大全共闘の落書き）

が、その一方で私たちはこう断言していいのです。
文化の発展を促進する一切のものは、
また同時に戦争にも逆らうものだと。
（フロイト）

すでにふれたように、暴力についての議論がもっとも沸騰したのはまちがいなく一九六〇年代でした。当時の、もろもろのテキストにあたっていると、政治的テキストのみならず、文学、映画などの文化的領域の作品、文化を論ずるテキストにいたるまで、熱に浮かされたように暴力について饒舌な時代だったようにみえます。

しかしそこでは、社会の大きな変容と暴力についての知覚の変容がからみあいながら進行していたようにもおもえます。それを知るひとつの手がかりが、日本のやくざ映画の変遷にあります。おおざっぱにいうと、任侠ものから実録ものへの転換です。

わたし自身はどちらもとても好きなのですが、この六〇年代から七〇年代の転換は、本質的なものであるようにおもわれます。最初に結論を先取り的にいうと、実録ものにいたって暴力が、それまで任侠ものにおいてはその内部で抑制されていた手段と目的の図式という足かせからはずれ、はじけとんでしまっているのです。

任侠ものでは悪玉と善玉はかなりはっきりしていて、善玉の暴力は最後の最後まで行使されません。基本的に善玉である高倉健や鶴田浩二は、「古い男」と揶揄され、またそう自認しながらも、任俠の倫理に忠実に、意地をはりながら悪玉の嫌がらせや暴力にぎりぎりまで耐え、しかしその限界を越えたところで、反撃に転じます。それはこれまでの怒りの蓄積を一挙に放出するような、ほとんど抗争相手の集団のみな殺しといえるほどの壮絶な暴力となって発現するのです。なぜ暴力はこのように最後の最後まで控えられるのか？　それは暴力があくまでも目的、つまり正義への侵害の回復という正当化された目的に対する手段でなければならないからです。あきらかに映像の平面でみれば、暴力そのものにカタルシスが用意されているとはいえ、それはあくまで最後の手段というたがはめられていたのです。あるいは、その爆発の快楽にむけて、すべてが組織されているといってもいいかもしれない。

しかし、この任俠ものがマンネリ化や観客動員の低下などの面でやっていけなくなったときに、実録ものと呼ばれるあたらしいジャンルが台頭してきます。スターでいえば、高倉健から菅原文太へ、ということになるでしょうか。代表的なものは、残念ながらこのあいだ他界された深作欣二監督による『仁義なき戦い』です。この作品はシリーズものので、本編五作のほかにさらに外伝的な作品が数本撮られています。この長大なシリーズの全作品を貫通しているのが、タイトルに示されるそこでの戦い、つまり暴力が「仁義」なきものであること、ということは目的あるいは理念、大義を失っていることです。要するに、そこではもはや暴力は正しい目的に奉仕する最後の手段ではありません。第一作目の冒頭で、梅宮辰夫演ずるやくざがショバを荒らす愚連隊の腕を一刀両断する衝撃的シーンが、これ以降の展開をすでに暗示しています。ショバ荒らしで腕の切断はとても行為にみあった処罰とはおもえない。つまり、あきらかに処罰の方が重すぎる。そこには正当化された目的のたがをはずれた暴力の突出があるのです。そしてそれ以降、たとえば「任俠」の規範においても正当化できない目的のための道具的手段であり、さらにその意味からしてもあきらかに不必要である暴力の過剰で埋め尽くされるのです。

深作監督はもともと任俠美学とは大きく異なる美的あるいは倫理的センスの場所で映画を撮りつづけていました。かれの作品を貫くひとつの線ともいえるでしょうが、そこからは、アナキズムのあの定式――「神もなく、主人もなく」――がいたるところから響いてきます。人間の生への肯定性があまりに激しいために、それが暴力となって、あるいは死にむかって狂おしくあらわれるしかないかのようなのです。この深作映画を貫くひとつの力線が、全共闘運動の余波のくすぶる、そして戦後労働運動の最後の山をむかえていた、しかし内ゲバのように内向きの自滅的暴力が活性化するなかで全般的に絶望の色が濃くなっていた七〇年代のある時期に偶然に時代の心性とみごとに共振しあったのでしょう。

暴力とは、もはやなにかの目的のための手段につきるものではありません。つまりそれは生の表現でもあるのです。それが『仁義なき戦い』では、ポスト任俠映画として任俠ものとそれ以降の切断としてあらわれることで、暴力の知覚の転移をあざやかに表現しているようなのです。すでに二〇世紀の前半から中盤にかけて活躍したフランスの哲学者モーリス・メルロ゠ポンティは次のようにいっていました。

暴力に対する暴力を控えるということは、暴力の共犯となるということである。わたしたちは、純粋さと暴力のどちらかを選ぶべきなのではなく、異なった種類の暴力のどれかを選ぶべきなのである。受肉した存在であるわたしたちにとって、暴力は宿命である。[1]

メルロ゠ポンティのこの議論は、ソ連におけるスターリン時代の粛清裁判（いわゆるモスクワ裁判）をめぐる考察のなかで主張されています。この重要な著作は、『ヒューマニズムとテロル』です。この著作でのメルロ゠ポンティの立場は、「もっとも洗練されたスターリニズムの擁護」とも形容されました。この政治的立場そのものはメルロ゠ポンティは維持しなかったでしょうが、この「受肉された存在」としての人間にとっての暴力の位置づけはゆずらなかったとおもいます。「受肉された存在」ということは、わたしたちは身体である存在であり、世界のなかに内在する存在である、ということです。暴力は、超越的ではない、こうした身体的な存在としてのわたしたちにとって決して決別できるものではない。それと決別することは、わたしたちの根ざした身体的な存在をそぎ落とすことにもなる。

　問題はここで微妙にずらされます。暴力は手段として正当かどうか、という問いから、暴力を人間存在の多様な力の表出のひとつとしてみなす、という志向性があらわれました。それはあきらかに、目的や理念のもとに暴力を独占する国家や法に対する、そしてその独占された暴力の「不法性」や「不当性」への批判でもあったのです。まさに「癒し《ヒーリング》」としての暴力というテーマが意義をもったのはこの文脈でしょう。しかし、この無目的な暴力はまた、国家あるいは国家的なものがそのうちにつねにひきこもうとしている衝動でもあるし、それ自体でいくらでも抑圧性を帯びた残酷に転化する可能性を秘めています。[2]

　フロイトなら人間存在の根源にすえたであろう無目的な——あるいは自滅的な——破壊の衝動は、道具的に活用されることとからまりあえば、抑圧性を残酷性で裏打ちするといったかたちで発現する場合もあるのです。まさに『仁義なき戦い』はその仕掛けをみごとに観せていたのではないでしょうか。いわば無意識の水準では、理念なき暴力の横溢によって、暴力の無目的性がつねに露出しています。いやおうなしに、生と暴力の一体性がみせつけられるのです。ところが、その暴力は、意識上では、やはり道具＝手段であるのです。ラスト・シーンでの広島の原爆ドームを重ね合せではっきりと示されるわけですが、若者たちの暴力が狡猾な組の親分たちに道具的に活用され、内向とその果ての自滅を強いられていることはたえず告発されているのです。理念はひとまず宙づりにされることで、無目的な暴力のラディカリズムが表現されます。次に、その無軌道な生の発現である暴力は、つねに親分のヘゲモニー争いの戦略のうちにコード化され道具化されます。このような、いわばむき出しの野心によって規定された疑似マキアヴェッリ的戦略の平面に、理念性──義理や道徳──がたえず覆いかぶさるわけです。任俠ものにおいては、善人たちの身ぶりに密着して生きられることで、そうした理念は虚構上の輝きをみせるわけですが、ここでは、言葉と行動やふるまいのあからさまな乖離──異化効果──を通し、美しい言葉はただ泥にまみれていきます。

ここで指摘しておきたいのは、ここでいう「理念」はそもそも信じられる必要はないということです。「正義の暴走」なるものをいつも心配しているリベラルによる常套的な批判とは異なり──リベラリズムが理念的に裏打ちしているはずの最大の国家が長年を通してもっとも「暴走」しつづけているというのは皮肉というか本質的です──、いわゆる「全体主義」体制を支えるのは理念への信仰ではなくシニシズムです。たとえば、スターリンの体制がもっともおそれ、最初に弾圧したのはシニシズムのない人間、すなわち、コミュニズムのような理念を本当に信じている人間でした（スターリンが革命勢力のうちの実務的穏健派／中道派であったことは忘れてはなりません。おそらく「全体主義」は中道派がエクストリーム化する動きともかかわっています）。その理念と現実の乖離は、シニシズムによることなしには耐えがたいものだったのです。ちなみに、すべてをおもうがままに統制する、世界のすべてをおもうがままに構成する、という権力の衝動は、ここでいう理念とは直接にかかわりません。それは、リベラリズムであれ保守主義であれコミュニズムであれ、特定の統治形態やシステム、物質的条件とむすびつけば作動しはじめる知的実践的複合体です。

フロイトは、その残虐さによって途方もないショックをヨーロッパ人に与えた第一次大戦の経験から、アインシュタインと手紙を交わし、次のようなことをいいました。

歴史上の残虐行為について聞かされると、私たちは、理念的動機は破壊に対する飽くなき欲望のかくれみのにすぎなかったという印象を受けることがありますが、ほかの場合、たとえば宗教裁判における残酷な処刑については、理念上の動機が非常に強力に意識の前面に押し出されてきて、それをさらに強化するものとして破壊的動機が作用したのだと私たちは考えます。これは両方ともありうることなのです[3]。

フロイトは、人間は自己破壊的な衝動――死の衝動（タナトス）といわれます――を根源的にもっていると考えました。ここでわたしたちが無目的な力と呼んでいるものと近いものです。それはベンヤミンが神的暴力と呼んだような次元、すなわち、ときには既存の秩序の重荷をふきとばす刷新的な力にもなりえます。

しかし、戦争を問題にしているフロイトは、ここではその自滅的な側面に注意をうながしています。歴史上の残虐行為をみるならば、理念はこの破壊衝動の「かくれみの」

であるか、理念を通して破壊衝動が促進され強化されているのではないか、というのです。とすると、問題は、理念そのもの以前のこの仕組みであり、理念を巻き込んで展開するその現実です。「正義の暴走」といった陳腐な常套句は、暴力の作動のさいのもっとも重要な仕組みをみえなくさせます。

第二部でマジョリティの暴力という話をしました。暴力の発動を促進させる最大の要因のひとつが、マジョリティの意識の転倒、つまり被害者意識である、ということです。すなわち、本来、力をもちまた支配的立場にあるはずの多数派の側が、わたしたちのなにか大切なものが少数派や異質な者によっておびやかされている、とみなし防衛にはしるということです。現代における暴力の問題のかなりの部分はこの「マジョリティ問題」であって、もし「正義の暴走」という呼び方をあえてするならば、多数派が多数派であるがゆえにもつこのような「正当性」意識が、それをかかげ、「敵」の攻撃に邁進するその動きにまっさきに与えられるべきでしょう。

フロイトを参照するならば、無目的な力の発現は一方で既存の秩序の解体としてあらわれるにしても、それが道具的に活用されて、いわば法維持的暴力（神話的暴力）に転化するとき、ある条件のもとで、最大の残虐に展開します。ある条件とは、たとえば、戦争や災害のさいの例外状態のように、通常の法が機能しなくなり、慣習のような日常におびただしく埋め込まれたブレーキも機能しなくなるか停止させられ（後者については関東大震災のさいの民衆による虐殺を想起してみるといいかもしれません）、なおかつ暴力的にふるまうことが正当性に裏打ちされているような場合です。問題はそこでは、理念よりは、理念と「現実」とを妥協させたり、理念が現実を内側からチェックできないよう乖離したままにしておく「リアリズム」であり、あるいは、引用でフロイトのいう理念と暴力とを相互強化させる関係におくような現実の特定の条件なのです。

そしてそこにはまちがいなくフロイトのいうように「攻撃と破壊とに対する喜びが隠されている」。日常的レベルでは相手を死に追いつめるような過酷ないじめや排除のなかにも悦びがあるだろうし、もっと非日常のレベルでは、たとえば戦争において実際に生じた残虐行為やそれを担った人間の経験談をみてみるならば[4]、あきらかに目的を逸脱したその残酷の凄まじさはこの点なしには理解できないようにおもえるのです。ここを無視するわけにはいきません。不謹慎といわれそうですが、わたしたちは暴力を深く嫌悪し暴力に深く傷ついているけれども、同時に深く愛し深く魅せられてもいるのです。

ここで最初の問いに戻ってみます。暴力を拒絶することが、暴力を批判することにはかならずしもならない、むしろ暴力の抽象的、一般論的な拒絶は、暴力を呼び込んでしまう仕組みがあることに注目する必要があるということから入りました。暴力の拒絶が暴力をもたらす、という循環の仕組みを、主権という項を挿入しながら考えてみました。非暴力への志向性が、このような暴力を強化するループにはまらないためには、反暴力——ないし、少なくとも、いつでもどこでも暴力として発現しうるしそう名指されうる力の平面の肯定――からはじめ、そのうちに位置づけられる必要がある、そして、それによってはじめて非暴力的とされる行動が意味をもつと考えてきました。

どうにももどかしい感覚から出発した、暴力についての以上の考察すべてにじぶん自身、充分に納得しているわけではありません。もしかすると、バトンを拾ってくれて、あれこれの穴を埋めたり、おかしなところを修正したり、発展させたりする人がいるかもしれません。それを期待しつつ、あちらこちらにさまよいつづけた考察も、ここでひとまず終えたいとおもいます。

注

序

（1） Samuel Weber 1997, Wartime, in Hent de Vries, Samuel Weber (eds.), *Violence, Identity and Self-determination*, Stanford University Press, pp.82-83. また、長尾龍一『政治的殺人――テロリズムの周辺』（弘文堂、1990年）。

（2） 一九九九年八月、南仏の小さな町ミヨで、建設途中のマクドナルドを解体した出来事であり、世界的に反グローバリゼーションのシンボルとして大きな影響をおよぼした。この活動の実状は次のようなものである。まず、EUがホルモン肥育牛肉の輸入を禁止したことに対して米国が報復措置（周知のように米国の食品安全基準は世界的にも低く、グローバリゼーションの波にのってその低い基準を世界中に押しつけている）として、EU産の約一〇〇品目に一〇〇％の税を課すことで対抗。その品目のなかに、ミヨの経済を支えるロックフォール・チーズもふくまれていた。それに抗議するため、ジョゼ・ボヴェをはじめとする牧羊農民たちが、マクドナルドの建設現場で象徴的な妨害行動をおこなうことを決める。まえもって公安警察に連絡をし、集会の目的を建設中のマクドナルドの解体であることを通告。公安側はかんたんにとりはずせる看板ではどうかと提案。農民側はそれを蹴って、当日の行動に。そこでは数枚のドア、電気のスイッチ、屋根のトタン数枚が解体され、その荷物は郡の庁舎まえでおろされた。Bové José François Dufour〔ジョゼ・ボヴェ、フランソワ・デュフール〕2000, *Le mond n'est pas une marchandise.*（新谷淳一訳『地球は売り物じゃない！――ジャンクフードと闘う農民たち』紀伊國屋書店、2001年）をみよ。

第一部　暴力と非暴力

第一章　暴力という問題の浮上

1　ある二つの物語

（1）カソヴィッツは、フッド・フィルムとの関連について次のように述べている。「僕は『憎しみ』をフッド・フィルムだとは思っていません。僕はそういう映画は全然好きではないんです。現在のフッド・フィルムはスタジオで撮影されていて、彼らが表現していると思っている現実の世界とは実はなんの関係もない。初期のフッド・フィルムは良かった……初期のハードコア・ヒップホップ、例えばNWAなんかを起用したりして、人々に現実はどうなっているのかを知らしめた。でもその後は、カネ次第になって違うものになってしまった。『憎しみ』は、たとえカネになったとしても、アンダーグラウンド・ムービーなんです……作られた方法にしてもね。これは広い意味で警察の横暴を描いた映画であり、社会全体を描いたものであり、不良たちを描いただけのものではないんです」。
http://www.linkclub.or.jp/~garnet/kassoj_frame.htm

2　暴力のあたらしいパラダイム？

（1）拙著『自由論――現在性の系譜学』（青土社、2001年）も参照。
（2）Jonathan Friedman 2003, Globalization, Dis-integration, Re-organization: The Transformations of

Violence,in Jonathan Friedman (ed.), *Globalization, the State, and Violence*, Altamira Press.

（3） Hans Magnus Enzensberger〔ハンス・マグヌス・エンツェンスベルガー〕1993, Aussichiten auf den Bürgerkrieg.（野村修訳『冷戦から内戦へ』晶文社、1994年）、訳27頁。

（4） Michel Wieviorka 2003, The New Paradigm of Violence, in Jonathan Friedman (ed.), *Globalization, the State, and Violence*, Altamira Press, pp.127-132.

第二章　暴力と非暴力

1　マーティン・ルーサー・キング——非暴力と敵対性

（1） 学校や公衆トイレからはじまってタクシー、バスにいたるまで、一九五〇年代当時、合衆国南部では差別的な人種隔離が生活のすみずみにまで貫徹していた。そのなかでも、人種隔離バスはその地のアフリカ系アメリカ人にとって屈辱的だったといわれている。多くの人間にとって不可欠の交通手段でありながら、ドライバーからしばしば罵詈雑言を浴びせられ、わざわざ前方で料金を払って後方に限定された黒人専用の席に後方の入り口から入りなおさねばならず、白人客が増えてきたときはそのじぶんたちの席すらゆずらねばならなかった。

（2） Martin Luther King, Jr. 1998, *The Autobiography of Martin Luther King, Jr.*, Warner Books, pp.190-191; Martin Luther King, Jr.〔マーティン・ルーサー・キング〕1964, *Why We Cannot Wait.*（中島和子、古川博巳訳『黒人はなぜ待てないか』みすず書房、1965年）の「バーミングハムの獄中からの手紙」。

（3） 平岡正明『犯罪あるいは革命に関する諸章』（大和書房、1973年）、28—29頁。

（4）高島喜久男『戦後労働運動私史【第一巻】1945-1949』（第三書館、1991年）、116頁。
（5）現在の社会的条件のもとで、とくにグローバリゼーションという環境のもとで、この伝統のなかからどのような多様で創造的なスタイルが生まれているかについては、英語ではあるが、次のテキストをぜひ参照してほしい。Benjamin Shepard, Ronald Hayduk (ed.), *From ACT UP to the WTO*, Verso. また日本語で読めるものとしては、毛利嘉孝『文化＝政治』（月曜社、2003年）が役にたつだろう（ただしより幅広く重大な対立を世代間の対立であるようにえがいてしまっている日本の状況分析には少々疑問がある）。

2　マルコムX——暴力の前－個体的政治学

（1）David Dellinger 1993, *From Yale to Jail: The Life Story of a Moral Dissenter.*（『「アメリカ」が知らないアメリカ——反戦・非暴力のわが回想』（吉川勇一訳、藤原書店、1997年）。
（2）Martin Luther King, Jr. 1968, *The Trumpet of Conscience.*（中島和子訳『良心のトランペット』みすず書房、1968年）。このテキスト集は最晩年のキングがどこにむかおうとしたかを伝えてくれる重要なもの。
（3）Michael Hardt 1991, La violence de la fraternité: hommage à Malcolm X, *in Futur antérieur 7.*
（4）Ibid.
（5）Malcolm X, Alex Haley 1964, *The Autobiography of Malcolm X.*（浜本武雄訳『マルコムX自伝』河出書房新社、1993年）。

3　自己憎悪からの解放——マルコムX、フランツ・ファノン、マハトマ・ガンディー

（1）二〇〇〇年におこなわれたイスラエルの日刊紙でのインタビューより。サイード「……あのような巨

大な拒絶の壁を張り巡らせているところにも、今日まで続くまさにイスラエル人の生き方が現れています。あなたはイスラエル人ですから、検問所たとえばエレズ検問所の行列に並んだことは一度もないでしょう。あれはとても不快です。かなり侮辱的です。わたしのように特権を与えられた人間にとってさえそうなのです……他者に対する非人間的な行為は許されることではありません。ですから、私の反応は怒りです。たくさんの怒りです」、インタビュアー「あなたはわたしたちを憎んでいますか」、サイード「いいえ。おかしなことに、憎しみは、わたしが感じることのない感情のひとつです。怒りのほうがずっと建設的です」Edward Said〔エドワード・サイード〕2001, *My Right of Return in Power, Politics and Culture.*（田村理香訳「帰還の権利」『現代思想』第31巻第14号、2003年）、訳26―27頁。

（2）George Breitman (ed.), 1970, *Speeches, Interviews and a Letter by Malcolm X.*（長田衛訳『いかなる手段をとろうとも』現代書館、1971年）、訳215頁。

（3）Michael Hardt 1991, La violence de la fraternité: hommage à Malcolm X, *in Futur antérieur 7.*

（4）Frantz Fanon〔フランツ・ファノン〕1961, *Les Damnés de la Terre.*（鈴木道彦、浦野衣子訳『地に呪われたる者』みすず書房、1969年）。

（5）同右、訳80頁。

（6）同右、訳57頁。

（7）Nigel C. Gibson 2003, *Fanon: The Postcolonial Imagination, Polity,* p.118.

（8）Julia Kristeva, 2003, *Revolt, She Said,* Autonomedia.

（9）M.K. Gandhi 1960, *My Non-Violence.*（森本達雄訳『わたしの非暴力1』みすず書房、1997年）、訳73頁。

（10） Gail M. Presbey 1996, Fanon on the role of violence in liberation: a comparison with Gandhi and Mandela in, Lewis R. Gordon et al. (eds.), *Fanon: A Critical Reader*, Blackwell.

（11） Frantz Fanon 1959, L'An V de la révolution algérienne.（宮ヶ谷徳三、花輪莞爾訳『革命の社会学』みすず書房、１９６９年）。

4　革命的攻勢か、民衆的防御か？――ブラック・パンサー党

（1） ストークリー・カーマイケル（長田衛編訳『ブラック・パワー』合同出版、１９６６年）、Heuy P. Newton 1973, *Revolutionary Suicide*.（石田真津子訳『白いアメリカよ、聞け――ヒューイ・ニュートン自伝』サイマル出版会、１９７５年）、Max Elbaum 2002, *Revolution in the Air: Sixties Radicals Turn to Lenin, Mao and Che*, Verso. は、60年代末期のアメリカ合衆国のさまざまな運動がいかにレーニン、毛沢東、ゲバラらのテキストや実践と接触したのかについての貴重な記録。

（2） George Breitman (ed.), 1965, *Malcolm X Speaks: Selected Speeches and Statements*.（長田衛訳『黒人は武装する』三一書房、１９６８年）、訳２３６頁。

（3） パンサー党についての日本語で読める手引きとしては、古本屋を探す以外にいま入手しにくいものが多いが、その機関紙の記事を中心に日本で独自に編集した、黒豹党支援日本委員会編訳『すべての権力を人民へ』現代書館、１９７２年）が役にたつ。David Hillard and Lewis Cole 1993, *This Side of Glory: The Autobiography of David Hillard and the Story of Black Panther Party*, Little Brown and Company, p.319; Nikhil Pal Singh 1998, The Black Panthers and the "Underdeveloped Country" of the Left, in Charles E. Jones (ed.), *The Black Panther Party [Reconsidered]*, Black Classic Press, pp.69-70.

(4) Heuy P. Newton 1973, *Revolutionary Suicide.*（石田真津子訳『白いアメリカよ、聞け――ヒューイ・ニュートン自伝』サイマル出版会、1975年)、「その後の黒豹党――訳者解説」305頁。

(5) 津村喬による次の議論を念頭においている。「権力をとることで世界が変わると考えてきたのが社会党―共産党からすべての新左翼諸党派であったとすれば、全共闘は、権力をとることこそ最も避けたい、呪うべきことであり、問題は自ら権力になることだという宣言を発した」(津村喬『全共闘――持続と転形』五月社、1980年、53頁)。

(6) Heuy P. Newton 1973, *Revolutionary Suicide.*（石田真津子訳『白いアメリカよ、聞け』サイマル出版会、1975年)、訳289頁。またクリーヴァーとの分裂の経緯と批評については『すべての権力を人民へ』(訳153―184頁) も参照せよ。

(7) パンサー党は絶頂期には全米に四五の支部をもったが、当時FBI長官であったフーバーは次のように言明している。パンサー党は「アメリカ国内のセキュリティに対する最大の脅威である」がゆえに、いかなる非合法的な弾圧活動でも許されると。盗聴、スパイ、捏造した噂の流布、罪のでっち上げ、対立グループとの紛争の扇動、そして殺害と、パンサー党員に対してはありとあらゆる手法がもちいられた。一九六九年だけをとるならば、二七人のパンサー党員が警察によって殺害され、さらに七四九人が投獄あるいは逮捕されている。パンサー党への弾圧についてはWard Churchill and Jim Vander Wall 1990, *Agents of Repression: The FBI's Secret Wars Against the Black Panther Party & the American Indian Movement,* South End Press. が詳細である。

(8) とりわけ Charles E. Jones (ed.), 1998, *The Black Panther Party [Reconsidered],* Black Classic Press. 所収のもろもろの論考と資料はきわめて重要。Jim Fletcher, Tonoquil Jones, Sylvère Lotringer 1993, *Still Black, Still*

Strong, Semiotext(e). は、ムミア・アブ―ジャマル、アサータ・シャクールら、いまだ政治囚であったり亡命中である元パンサー党員への貴重なインタビュー集である。パンサー党の自己批判の意義については Michael Hardt 1993, Made in USA no5, Le courage des Blacks Panthers, ou l'autocritique dans les années quatre vingt-dix, *in Futur antérieur 18*. を参照せよ。

（9） Angela D. LeBlanc-Ernest 1998, "The Most Qualified Person to Handle the Job": Black Panther Party Women, 1966-1982, in Charles E. Jones (ed.), *The Black Panther Party [Reconsidered]*, Black Classic Press. そしてエレーヌ・ブラウンの自伝である Elaine Brown 1992, *A Taste of Power: A Black Woman's Story*, Pantheon Books.

（10） たとえば、パンサー党を支援していたジャン・ジュネの批判で、ヒューイ・ニュートンはみずからのゲイへの不快感を率直にみとめるとともに、ゲイは「社会で誰からも自由を与えられておらず、社会で最も抑圧された人びとかもしれない」とし、組織のなかに蔓延するゲイ差別を戒め、連帯をうながす記事（「女性解放運動とゲイ解放運動、一九七〇年三月一五日」）を機関紙に書く。「ニュートンの声明は、当時結成されてまだ一年にもなっていなかったゲイ解放運動に予期せぬ励ましとなった。何人かの傑出した黒人指導者が、『プッシー・パワー』……についての俗悪な会話や、白人の男たちは無性化された臆病者であり、したがって『ホモ』だという類の無思慮な非難に陥っていたとき、ニュートンはこうした敵対的な常套句と手を切ったのであり、時代を思えばこれは驚くべき跳躍だった」Edmund White Genet, *A Biography*.（鵜飼哲、根岸徹郎、荒木敦訳『ジュネ伝 下』河出書房新社、２００４年）、訳２２２頁。

第三章　敵対性について

1　ハンナ・アーレントによる暴力論批判

（1）Hannah Arendt［ハンナ・アーレント］1972, *Crises of the Republic: Lying in Politics-Civil Disobedience-on Violence-Thoughts on Politics and Revolution.*（山田正行訳『暴力について――共和国の危機』みすず書房、2000年）、訳115頁。

2　ニーチェの仮面をかぶるフーコー

（1）Michel Foucault 1975, La politique est la continuation de la guerre par d'autres moyens.（高桑和巳訳「政治とは、別の方法による戦争の継続である」『ミシェル・フーコー思考集成　V巻』筑摩書房、2000年）、あるいはMichel Foucault 1975, *Surveiller et Punir: Naissance de la prison,* Gallimard.（田村俶訳『監獄の誕生――監視と処罰』新潮社、1977年）、訳197頁。

（2）フーコーはこの政治の戦争モデルもふみ台にして、べつの方向にむかう。拙著『自由論』（青土社、2001年）を参照。

（3）ここで注意しなければならないのは、ニーチェの仮面をかぶったフーコーは、にもかかわらずみずからの作業では、怨恨、強者、奴隷といったニーチェの系譜学固有の諸キーワードをもちいないということだ。それはフーコーがニーチェのこうしたキーワードを「心理学主義」的であり、いまだ「あまりに人間的」であると考えているからだろう。しかしここではそうした細かい考察はぬきにして、フーコー＝ニーチェと想定として考えたい。

（4）*Surveiller et Punir: Naissance de la prison.*（田村俶訳『監獄の誕生――監視と処罰』新潮社、１９７７年）、訳１３３―１３４頁。

（5）Michel Foucault 1971, Nietzsche, la généalogie, l'histoire.（伊藤晃訳「ニーチェ、系譜学、歴史」『ミシェル・フーコー思考集成 Ⅳ巻』筑摩書房、１９９９年）、訳27頁。

（6）Michel Foucault 1984, Qu'est-ce que les Lumières?〔啓蒙とは何か?〕（1994, *Dits et écrits* IV, 1980-1988）所収。

3　敵対性と〈政治的なもの〉

（1）Foucault 1977, Pouvoirs et stratégie.（久保田淳訳「権力と戦略」『ミシェル・フーコー思考集成 Ⅵ巻』筑摩書房、２０００年）p.421、訳３８８頁。

（2）Georgio Agamben 1995, *Il potere sovrano e la nuda vita.*（高桑和巳訳『ホモ・サケル』以文社、２００３年）、訳２４０―２４５頁。

（3）Jacques Rancière〔ジャック・ランシエール〕1995, *La Mésentente,* Galiléeより。この本はいまデモクラシーの本質としての敵対性を考えるときに不可欠の本。より詳細な紹介としては、松葉祥一「『分け前なき者の分け前』を求めて――J・ランシエール」三浦信孝編『来るべき〈民主主義〉――反グローバリズムの政治哲学』（藤原書店、２００３年）を参照のこと。

（4）*La Mésentente* とりわけ pp.93-131. なおこの分類については、Slavoj Žižek. 1999, Carl Schmitt in the Age of Post-Politics, in C.Mouffe（ed.）, *The Challenge of Carl Schmitt,* Verso. を参考にした。

（5）カール・シュミット（一八八八―一九八五）は二〇世紀を代表するドイツの公法学者、政治思想家。第一次大戦後のワイマール体制の「リベラル」な議会主義（「パラ・ポリティクス」）を批判し、一九三三年ナチスの政権獲得とともに支持者となり、初期ナチスの法学者ともいわれた。戦争責任も問われている。

第二部　反暴力の地平　主権、セキュリティ、防御

第一章　セキュリティ――恐怖と暴力

1　恐怖という病

（1）Martin Luther King, Jr. 1963, *Strength to Love.*（蓮見博昭訳『汝の敵を愛せよ』新教出版社、1974年）の訳202―220頁。

2　恐怖の転位

（1）Judith Butler〔ジュディス・バトラー〕1993, Endangered/endangering: schematic racism and white paranoia, in Robert Gooding-Williams, *Reading Rodney King/Reading Uprising*, Routledge.

3　肛門と暴力

（1）笠原和夫『破滅の美学――ヤクザ映画への鎮魂曲』（ちくま文庫、2004年）、57頁。

（2）笠原和夫、荒井晴彦、絓秀実『昭和の劇――映画脚本家　笠原和夫』（太田出版、2002年）、19

2―193頁。

（3）この点については、伊藤公雄、樹村みのり、國信潤子『女性学・男性学』（有斐閣アルマ、2001年）、281―286頁から示唆をえた。

（4）加川良『教訓』TOCT-8954.

（5）Sheldon Wolin 2003, Inverted Totalitarianism, in *The Nation* (May, 19)（杉田敦訳「逆・全体主義」『世界』8月号、2003年）。

4　統治形態としての恐怖《テロル》

（1）Mike Davis 1992, *City of Quartz: Excavating the Future in Los Angeles.*（村山敏勝、日比野啓訳『要塞都市LA』青土社、2001年）、訳190頁。

（2）Barry Glassner 1999, *The Culture of Fear: Why Americans are Afraid of the Wrong Things*, Basic Books.

（3）Ibid., pp.23-49. はこの点についてより詳細に展開している。

（4）宮崎学、大谷昭宏『殺人率――日本人は殺人ができない！』（太田出版、2004年）。

（5）たとえば、Walter Laqueur〔ウォルター・ラカー〕2002, *A History of Terrorism, Transaction* をみよ。一九七七年、ユーロ・テロリズムの渦中に出版されたこの著作は、その後テロリズムの歴史についてのスタンダードなテキストとなったが、二〇〇一年六月に書かれた興味深いイントロダクションを付して二〇〇二年に再版されている。

（6）Alain Joxe 2002, *Empire of Disorder*, Semiotext(e), p.10.

5　不安と恐怖

（1）Martin Heidegger〔マルティン・ハイデガー〕1927, *Seit und Zeit.*（細谷貞雄訳『存在と時間　上』ちくま学芸文庫、1994年）、訳393頁。

（2）Sigmund Freud〔ジグムント・フロイト〕1920, *Jenseits des Lustprinzips.*（中山元訳「快感原則の彼岸」『自我論集』ちくま学芸文庫、1996年）、訳123頁。

（3）クリントン政権における国防総省国際問題担当次官補ジョゼフ・ナイらによる安全保障構想（「情報革命と新安全保障秩序」）。「この〔核の傘という〕枠組みの脅威は、ソ連による侵略という脅威、つまり、国際関係上の中核問題に対するごく論理的な対応だった。だがいまや、その中核問題は脅威の種類とそのレベルにまつわる曖昧さにあり、この曖昧さを取り除き明確にすることが、協調の基盤づくりとなる」。この点については拙著『自由論』第五章を参照。

（4）Paolo Virno 2002, *Grammaire de la multitude,* l'éclat & conjunctures, p.20.（廣瀬純訳『マルチチュードの文法』月曜社、2004年）。

第二章　防御と暴力――「ポスト人民戦争」の政治?

1　『バトル・ロワイアル』と社会契約論

（1）マックス・ウェーバー『職業としての政治』（岩波文庫、1980年）、訳8―10頁。

（2）高見広春『バトル・ロワイアル』（太田出版、1999年）。

（3）Thomas Hobbes 1651, *Leviathan, or the matter, forme, & power of a common-wealth exclesiasticall and civill.*

（水田洋、田中浩訳『リヴァイアサン〈国家論〉』河出書房新社、１９９６年）、訳87頁。

（4）　Matheron, Alexandre 1998, The Theoretical Function of Democracy in Spinoza and Hobbes, in Warren Montag and Ted Stolze (eds.), *The New Spinoza*, University of Minnesota Press.

（5）　ある論者は、パンサー党が国家にとって脅威だったのは、たんにかれらが暴力的だというのではなく、国家による正当な暴力行使の独占をふくむ、国家自体の現実原則の濫用にある、と指摘している（Nikhil Pal Singh 1998, The Black Panthers and the "Underdeveloped Country" of the Left, in Charles E. Jones (ed.), *The Black Panther Party [Reconsidered]*, Black Classic Press, pp.84-85）。みずからのパトロールによって警察を取り締まるという、ブラック・コミュニティにおける取り締まりの反転活動のなかで、警察という存在を支えている、あるいは逆に警察という存在がつねに支えつづけている国家の必要性のファンタジーは消去され、根源的なオルタナティヴが提示されている、というのである。パンサー党の反転した取り締まりは、いわゆる国家機械に吸収される自警団と反対向きの遠心力によって規定されているわけだ。

2　敵対性と防御

（1）　Paolo Virno 1994, Miracle, virtuosité et《déjà vu》: *trois essais sur l'idée de《monde》*, L'éclat.

（2）　Antonio Negri and Michael Hardt 1994, *Labor of Dionysus: A Critique of the State-Form*, University of Minnesota Press, pp.290-295.

（3）　ただし、その関係はひとつではない。ヴィヴィオルカは、テロリズムとメディアのひとつには還元できない関係性を分類し分析している。Michel Wieviorka 1993, *The Making of Terrorism*, University of Chicago Press, p.43.

（4） 一八七六年にアナーキスト・イタリア連合によって主張された。

（5） Laqueur, *op. cit.*, p.xi.

（6） Charles Townsend 2002, *Terrorism: A Very Short Introduction.*（宮坂直史訳『テロリズム』岩波書店、2003年）による。

（7） タウンゼンドのあげる例でこのテロリズムの直接的な物理的力という点での小ささをいえば、一九六七年の第三次中東戦争以降のイスラエル市民のテロリズムによる死亡者数・負傷者数は、「国民全体の死亡・罹病者統計の中でみると取るに足りないほど小さい」（同右、訳19頁）。

（8） 赤い旅団は、一九六九年ミラノで結成された。一九七八年三月に、元首相でキリスト教民主党党首アルド・モロを誘拐。五月には殺害した。

（9） 伊藤公雄『光の帝国／迷宮の革命――鏡のなかのイタリア』（青弓社、1993年）、133頁。

（10） Paul Virilio and Sylvère Lotringer 1997, *Pure War [Revised Edition]*, Semiotext (e).

（11） Carl Schmitt 1963, *Theorie Des Partisanen: Zwischenbemerkung zum Begriff des Politischen.*（新田邦夫訳『パルチザンの理論』ちくま学芸文庫、1995年）、訳66頁。

（12） 最近ではゲリラ戦論の古典は文庫で手に入りやすくなっている。クラウゼヴィッツの前掲書に加えて、たとえば、人民戦争のバイブルといわれた、Vo Nguyen Giap〔ヴォー・グエン・ザップ〕1961, Guerre du people, Armée du people: L'expérience du people Vietnamien dans la lutte armée.（眞保潤一郎、三宅蕗子訳『人民の戦争・人民の軍隊』中公文庫〔初訳は1965年〕、2002年）、毛沢東『遊撃戦論』1938年、中公文庫（藤田敬一、吉田富夫訳『遊撃戦論』中公文庫、2001年）、Ernest Che Guevara,〔エルネスト・チェ・ゲバラ〕1960, La Guerra de guerrilas, 1960.（五十間忠行訳『ゲリラ戦争――キューバ革命軍の戦略・

戦術』中公文庫、2000年）〔初訳は1967年公刊〕、など。ゲバラについては、三好徹訳『チェ・ゲバラの声』原書房に、キューバ革命の分析的回想である「革命戦争の日々」とボリビアで最期を遂げるまでの記録である「ボリビア日記」（ゲバラ日記）が収められていて、ゲバラを知るための導入として最適。ヴォー・グェン・ザップのベトナム労働党内部での戦争の指導や役割についての細部はいまだ謎に包まれているとされるが、Gérard Le Quang 1973, *GIAP ou la guerre du peuple.*（寺内正義訳『ボー・グエン・ザップ——ベトナム人民戦争の戦略家』サイマル出版会、1975年）は役に立つ。また、新左翼の立場からの戦争論（軍事論）として、渡辺正之、坂本聡三『プロレタリア兵学教程』（鹿砦社、1974年）はきわめてすぐれている。

（13）レーニン『国家と革命』（ちくま文庫）はもちろんだが、エンゲルスからグラムシ、レーニン、トロツキーにいたるまでの重要テキストを集めたものとして、中村丈夫編『マルクス主義軍事論』（鹿砦社、1969年）は便利である。

（14）Charles Townsend 2002, *Terrorism: A Very Short Introduction.*（宮坂直史訳『テロリズム』岩波書店、2003年）。

（15）Paul Virilio 1978, *Défense populaire et luttes écologiques,* Galilée, p.55.（澤里岳史訳「革命的抵抗」『現代思想』2002: 30.1）、訳55頁。

（16）Ibid. pp.43. 訳50頁。この点についてはクラウゼヴィッツ『戦争論』第六章「防御」、第二十六章「民衆の武装」が該当する。そこでクラウゼヴィッツは次のように述べている。「……国民戦争とは霧や雲のようなものであるべきであり、いずこにおいても集結して一体となっているべきではない。然らずんば敵はそれ相当の兵力をもってこの集結点を粉砕し、多数の捕虜を手に入れるであろう。かくては勇気も挫け、誰もが大勢は決した、これ以上の抵抗は無益だと信ずるようになり、武器を棄ててしまうにいたるであろう」（『戦争論　下』訳２８６―２８７頁）。

（17）毛沢東「抗日遊撃戦の戦略問題」〔１９３８年〕『世界の名著　64　毛沢東』（中央公論社１９６９年）。この論文は『遊撃戦論』（中公文庫）でも読むことができる。毛沢東については、定番である Edger Snow〔エドガー・スノー〕1968, *Red Star over China.*（松岡洋子訳『中国の赤い星』筑摩書房、１９７５年）。最近では近藤邦康『毛沢東――実践と思想』（岩波書店、２００３年）。さらに、戦争の思考の二つの線として、ヘーゲル＝核抑止理論に、クラウゼヴィッツ＝毛沢東を対置してみせた André Grucksmann〔アンドレ・グリュックスマン〕1963, *Le discourse de la Guerre.*（岩津洋二訳『戦争論　上下』雄渾社、１９６９年）も参考になる。

（18）Raymond Aron〔レイモン・アロン〕1976, *Penser la guerre, Clausewitz, Tome 2; l'age planétaire.*（佐藤毅雄、中村五雄訳『戦争を考える――クラウゼヴィッツと現代の戦略』政治広報センター、１９７８年）。

（19）Carl von Clausewitz 1957, *Vom Kriege.*（清水多吉訳『戦争論　下』中公文庫、２００１年）〔初訳は１９６６年〕、第六部第二章。川村康之（編著）『戦略研究学会編集　戦略論体系②クラウゼヴィッツ』（芙蓉書房出版、２００１年）は長大な『戦争論』の重要箇所の抜粋と注釈の付された便利な本である。

（20）ベトナム戦争についてのテキストは数多いが、古田元夫『歴史としてのベトナム戦争』（大月書店、１９９１年）、吉澤南『ベトナム戦争――民衆にとっての戦場』（吉川弘文館、１９９９年）などをみよ。とりわけ後者はこの本の文脈で参考になる。

（21）Ibid. p.49. 訳52頁。

（22）平岡正明『座頭市――勝新太郎全体論』（河出書房新社、１９９８年）、39頁。

（23）民衆、すなわちピープルというより、マルチチュードというべきなのだろうが、ここではあまりにキーワード化されているその語の使用をなるべく避けたい。

（24）Paul. Virilio and Sylvère Lotringer 1997, *Pure War[Revised Edition]*, Semiotext(e), p.109.

（25）ドゥルーズ＝ガタリは、ヴィリリオを称賛しながら、しかしながら同意しがたい唯一の点があるとすれば、として決定的な示唆をおこなっている。のちの議論と関連する点をここで先取り的に述べておけば、ヴィリリオは、速度一般に否定的なあまり、次の三グループに分かれる速度のあいだの決定的な差異を、相互に作用しているという理由で区別していないのである（ただし、この区別もヴィリリオによって可能になるものである、とつけ加えられる）。ドゥルーズ＝ガタリはそれを次のように区分している。（1）遊牧的傾向あるいは革命的傾向をもった速度（蜂起・ゲリラ）、（2）国家装置によって規制・変換・所有された速度（「道路行政」）、（3）総力戦の、あるいは地球規模の過剰軍備の世界的組織化によって再構成された速度（現存艦隊から核戦略まで）。Gilles Deleuze, Félix Guattari 1980, *Mille plateaux, Capitalisme et schizophrénie.*（宇野邦一、小沢秋広、田中敏彦他訳『千のプラトー』河出書房新社、１９９４年）、訳６２１頁。

（26）『パルチザンの理論』、訳50頁。

（27）Carl Schmitt 1932, *Der Begriff des Politischen.*（田中浩、原田武雄訳『政治的なものの概念』未來社、１９７０年）。

（28）Slavoj Žižek, *op. cit.*, p.29.

（29）Paul Virilio 1978, *Défense populaire et luttes écologiques*, Galilée.（澤里岳史訳「革命的抵抗」『現代思想』第30巻第1号　２００３年）。

（30）『戦争論　上』、第一部第一章。

(31) イギリスの軍事史家リデル・ハート、あるいは前田哲男『戦争と平和——戦争放棄と常備軍廃止への道』（ほるぷ出版、1993年）はその典型である。

(32) 前田哲男『戦争と平和——戦争放棄と常備軍廃止への道』、40頁。ちなみに、この本では近代における戦争の展開における「殺戮の強度」の上昇の三つの契機が次のように整理されている（40—45頁）。(1) フランス革命とナポレオン帝国の戦争（一七九二—一八一五）:「人民とイデオロギーのなだれ込み」が特徴づける。巻き込まれた人口一億、一八一三年から一八一五年までの戦闘員一〇〇万以上、一七九二年から一八一五年のあいだに死者二〇〇万以上、(2) 第一次世界大戦（一九一四—一九一八）:「人民と工業力のなだれ込み」が特徴づける。巻き込まれた人口一〇億以上、戦闘員一一〇〇万（動員された者六五〇〇万）、死者八五〇万、(3) 第二次世界大戦（一九三九—一九四五）:「原子爆弾と人口の爆弾のなだれ込み」が特徴づける。巻き込まれた人口約二〇億、戦闘員一六〇〇万（動員された者九二〇〇万）、死者三八〇〇万（虐殺が目だつ）。

(33) シュミットは『パルチザンの理論』において、敵の形象を三つに区分している。まず、在来的な敵対関係（konventionelle Feindschaft）に対応する在来的な敵。在来的な敵対関係とは、絶対主義時代一八世紀に発展した抑制され枠づけられた戦争であり、ここで戦争はほとんど国民とは無関係におこなわれていた。戦争は君主間のゲームであり、傭兵からなる戦闘員のあいだには憎悪や敵意は乏しい。現実の敵（wirklicher Feind）とは、かつて宗教的対立の激しかった時代においては通常であった敵の概念であり、スペインのパルチザンが復活させたもの。たとえば一八〇八年のスペインにおいて、王や貴族、高僧、ブルジョアジーら支配層は、長いあいだ親仏派であり、外国の征服者に好意をもっており、だれが「現実の敵」なのか知らなかった。ゲリラとなったスペインの農民たちにとってフランス軍やナポレオンはみずからの「実存」を脅かす現実の敵であり、かれらは敵意をもって敵とみなすのである。絶対的な敵とは、理念上でも「犯罪者」として排除すべき否定性を帯びた敵といえるだろう。シュミットは、これをマルクス主義イデオロギーの影響によるものと、二〇世紀はじめの戦争を犯罪化する傾向をもつあたらしい国際秩序の二つの側面からとらえているようである。ここで、現実的な敵と絶対的な敵とのあいだの差異は微妙なものであるが、それを区別するところにシュミットの苦心があった。パルチザン戦において、現実的な敵対関係が、土地的性格を失うと絶対的敵対関係に上昇する、とシュミットは考えるのである。

（34）亀嶋庸一『20世紀政治思想の内部と外部』（岩波書店、２００３年）第一章をみよ。

（35）『パルチザンの理論』、訳16頁。

（36）吉澤、前掲書、62頁。

（37）Virno 1994, *Miracle, virtuosité et*《*déjà vu*》: *trois essais sur l'idée de*《*monde*》, L'éclat, p.143.

（38）Virno 2002, Multitude et classe ouvriére, in *Multitudes 9.*（箱田徹訳「マルチチュードと労働者階級――マウリチオ・ラッツアラートからパオロ・ヴィルノへの問い」『現代思想』第31巻第2号、２００３年）p.154. 訳１９４頁。

（39）*Miracle, virtuosité et*《*déjà vu*》, p.143.

（40）Virno, *Grammaire de la multitude.* の第一章、ならびにとりわけ第二章「労働、活動、知性」を参照。また拙著『自由論』序章参照。

（41）*Multitudes* 誌14号（２００３年）の小特集では、アルゼンチンの状況について詳しい分析が掲載されていて参考になる。また日本語訳『マルチチュードの文法』の付録も参考になる。

（42）*Miracle, virtuosité et*《*déjà vu*》, p.143.

（43） Ignacio Ramonet 2001, *Marcos, La dignité rebelle.*（湯川順夫訳『マルコス　ここは世界の片隅なのか――グローバリゼーションをめぐる対話』現代企画室、２００２年）、68―69頁。またサパティスタについては、ＥＺＬＮ（サパティスタ民族解放軍）1994? Basta!: documentos y comunicados del EZLN (tomo 1) 1992-1994/6/10（太田昌国、古林致広編訳『もう、たくさんだ――メキシコ先住民蜂起の記録１』現代企画室、１９９５年）が必携の資料集。

（44） 山本純一『インターネットを武器にした〈ゲリラ〉――反グローバリズムとしてのサパティスタ運動』（慶應義塾大学出版会、２００２年）をみよ。

（45） このことはとりわけ六八年以降のさまざまな運動についていえるだろうが、とくにラルザックや三里塚闘争はみやすいだろう。José Bové, François Dufour 2000, *Le mond n'est pas une marchandise.*（新谷淳一訳『地球は売り物じゃない！――ジャンクフードと闘う農民たち』紀伊國屋書店、２０００年）。三里塚闘争もこの文脈できわめて重要な意義をもっているだろうが、もはやここでは検討しない。

３「疑似非暴力状態」と反暴力

（1） Antonio Negri and Michael Hardt 1994, *Labor of Dionysus: A Critique of the State-Form*, University of Minnesota Press.

（2） 向井孝『暴力論ノート』「黒」刊行同人、２００２年。オリジナルは１９７０年。この２００２年版はそれに手が加えられたもの。

（3） デヴィッド・グレーバー、高祖岩三郎『資本主義語の世界のために――新しいアナーキズムの視座』以文社、二〇〇九年、二六―二七頁を参照。

（4）この事例については、以下のブログ記事が参考になった（http://chikyuza.net/archives/57235）。

（5）野村修『暴力と反権力の論理』（せりか書房、１９６９年）。

（6）Walter Benjamin〔ヴァルター・ベンヤミン〕1921, *Kritik der Gewalt.*（野村修編訳『暴力批判論 他10篇』岩波文庫、１９９４年）、訳63—64頁。

むすびにかえて　『仁義なき戦い』——生と暴力と残酷さ

（1）Maurice Merleau-Ponty 1947, *Humanisme et terreur.*（合田正人訳『ヒューマニズムとテロル』みすず書房、２００２年）、訳１５９頁。

（2）暴力と理念性、残酷さの関連については、Etienne Balibar 1997, *La crainte des masses,* Galilée, pp.397-418. の'Violence: idéalité et cruauté'（安川慶治訳「暴力」『批評空間』1997, II—13）を参照。

（3）Sigmund Freud 1933, *Warum Krieg?*（佐藤正樹訳「戦争はなぜ」『フロイト著作集11』（人文書院、１９８４年）、訳２５７頁。フロイトの有名な死の衝動論への転回である。

（4）たとえば太平洋戦争時における日本軍の残虐行為はよく知られている。そのなかに人肉を食べるというものがあり、しばしば飢餓の状況でのギリギリの行為として表象される。しかしいくつかの証言からあきらかなことは、そこにはしばしば「快楽」の次元があったという点である。たとえば下川耿史『死体と戦争』（ちくま文庫、２００４年）、野田正彰『戦争と罪責』（岩波書店、１９９９年）をみよ。戦場での残酷さの上昇とその担い手の心理は生半可な想像力ではまったく追いつかないものである。

文献表

Agamben, Georgio 240-245 1995, *Il potere sovrano e la nuda vita.*（高桑和巳訳『ホモ・サケル』以文社、２００３年）。

Arendt, Hannah 1972, *Crises of the Republic: Lying in Politics-Civil Disobedience-On Violence-Thoughts on Politics and Revolution.*（山田正行訳『暴力について――共和国の危機』みすず書房、２０００年）。

Balibar, Etienne 1997, *La crainte des masses,* Galilée.

Benjamin, Walter 1921, *Kritik der Gewalt.*（野村修編訳『暴力批判論　他10篇』岩波文庫、１９９４年）、訳63―64頁。

Bové, José, François Dufour 2000, *Le mond n'est pas une marchandise.*（新谷淳一訳『地球は売り物じゃない！――ジャンクフードと闘う農民たち』紀伊國屋書店、２００１年）。

Breitman, George (ed.) 1965, *Malcolm X Speaks: Selected Speeches and Statements.*（長田衛訳『黒人は武装する』三一書房、１９６８年）。

Breitman, George (ed.) 1970, *Speeches, Interviews and a Letter by Malcolm X*（長田衛訳『いかなる手段をとろうとも』現代書館、１９７１年）。

Brown, Elaine 1992, *A Taste of Power: A Black Woman's Story,* Pantheon Books.

Butler, Judith 1993, *Endangered/Endangering: schematic racism and white paranoia, in* Robert Gooding-Williams (ed.), Reading Rodney King/Reading Uprising, Routledge.

Caillois, Roger 1963, *BELLONE ou la pente de la guerre, Renaissance du livre.*（秋枝茂夫訳『戦争論——われわれの内にひそむベローナ』法政大学出版局、１９７４年）。

Churchill, Ward and Jim Vander Wall 1990, *Agents of Repression: The FBI's Secret Wars Against the Black Panther Party & the American Indian Movement*, South End Press.

Clastres, Pierre 1997, *Archéologie de la violence, La guerre dans les sociétés primitives.*（毬藻充訳『暴力の考古学』現代企画室、２００３年）。

Clausewitz, Carl von 1957, *Vom Kriege.*（清水多吉訳『戦争論　上下』中公文庫、２００１年）〔初訳は１９６６年〕。

Cleaver, E. 1968, *Soul on Ice.*（武藤一羊訳『氷の上の魂』合同出版、１９６９年）。

Davis, Mike 1992, *City of Quartz: Excavating the Future in Los Angeles.*（村山敏勝、日比野啓訳『要塞都市ＬＡ』青土社、２００１年）。

Deleuze, Gilles, Félix Guattari 1980, *Mille plateaux, Capitalisme et schizophrénie.*（宇野邦一、小沢秋広、田中敏彦他訳『千のプラトー』河出書房新社、１９９４年）。

Dellinger, David 1993, *From Yale to Jail ;The Life Story of a Moral Dissenter.*（吉川勇一訳『「アメリカ」が知らないアメリカ——反戦・非暴力のわが回想』藤原書店、１９９７年）。

Elbaum, Max 2002, *Revolution in the Air: Sixties Radicals Turn to Lenin, Mao and Che*, Verso.

EZLN（サパティスタ民族解放軍）1994, *Basta!: documentos y comunicados del EZLN (tomo 1) 1992-1994/6/10*（太田昌国、古林致広編訳『もう、たくさんだ——メキシコ先住民蜂起の記録１』現代企画室、１９９５年）。

Fanon, Frantz 1961, *Les Damnés de la Terre.*（鈴木道彦、浦野衣子訳『地に呪われたる者』みすず書房、１９６９年）。

Foucault, Michel 1975, La politique est la continuation de la guerre par d'autres moyens.（高桑和巳訳「政治とは、別の方法による戦争の継続である」『ミシェル・フーコー思考集成Ⅴ巻』筑摩書房、２０００年）。

—— 1975, Surveiller et Punir: Naissance de la prison.（田村俶訳『監獄の誕生——監視と処罰』新潮社、１９７７年）。

—— 1977, Pouvoirs et stratégie.（久保田淳訳「権力と戦略」『ミシェル・フーコー思考集成Ⅵ巻』筑摩書房、２０００年）。

Freud, Sigmund 1933, *Warum Krieg?*（佐藤正樹訳「戦争はなぜ」『フロイト著作集11』人文書院、１９８４年）。

Friedman, Jonathan 2003, Globalization, Dis-integration, Re-organization: The Transformations of Violence, in Jonathan Friedman（ed.）, *Globalization, the State, and Violence,* Altamira Press.

Gandhi, M.K. 1960, *My Non-Violence.*（森本達雄訳『わたしの非暴力1、2』みすず書房、１９９７年）。

Giap, Vo Nguyen 1961, *Guerre du people, Armée du people: L'expérience du people Vietnamien dans la lutte armée.*（眞保潤一郎、三宅蕗子訳『人民の戦争・人民の軍隊』中公文庫、２００２年）〔初訳は１９６５年〕。

Glassner, Barry 1999, *The Culture of Fear: Why Americans are Afraid of the Wrong Things,* Basic Books.

Guevara, Ernest Che 1960, *La Guerra de guerrilas.*（五十間忠行訳『ゲリラ戦争——キューバ革命軍の戦略・戦術』中公文庫、２００２年）〔初訳は１９６７年〕。

Hardt, Michael 1991, La violence de la fraternité: hommage à Malcolm X, *in Futur antérieur 7.*

—— 1993/4 Made in USA no5, Le courage des Blacks Panthers, ou l'autocritique dans les années quatre vingt-dix, in *Futur antérieur* 18.

Jones, Charles E.（ed.）, 1998, *The Black Panther Party [Reconsidered]*, Black Classic Press.

Joxe, Alain 2002, *Empire of Disorder*, Semiotext(e).

King, Jr., Martin Luther 1963, *Strength to Love*.（蓮見博昭訳『汝の敵を愛せよ』新教出版社、１９７４年）。

—— 1964, *Why We Cannot Wait*.（中島和子、古川博巳訳『黒人はなぜ待てないか』みすず書房、１９６５年）。

—— 1967, *Trumpet of Conscience*.（『良心のトランペット』みすず書房、１９６５年）。

—— 1998, *The Autobiography of Martin Luther King, Jr.*, Warner Books.

Kristeva, Julia 2003, *Revolt, She Said*, Autonomedia.

Laqueur, Walter 2002, *A History of Terrorism*, Transaction〔Originally published in 1977〕.

LeBlanc-Ernest, Angela D. 1998, "The Most Qualified Person to Handle the Job": Black Panther Party Women, 1966-1982, in Charles E. Jones（ed.）, *The Black Panther Party [Reconsidered]*, Black Classic Press.

Matheron, Alexandre 1998, The Theoretical Function of Democracy in Spinoza and Hobbes, in Warren Montag and Ted Stolze（eds.）, *The New Spinoza*, University of Minnesota Press.

Mouffe, Chantal 1999, *Carl Schmitt and the Paradox of Liberal Democracy*, in C.Mouffe（ed.）, The Challenge of Carl Schmitt, Verso.

Negri, Antonio and Michael Hardt. 1994, *Labor of Dionysus: A Critique of the State-Form*, University of Minnesota Press.

Newton, Huey P. 1973, *Revolutionary Suicide*.（石田真津子訳『白いアメリカよ、聞け』サイマル出版会、１

1975年)。

Presbey, Gail M. 1996, Fanon on the role of violence in liberation: a comparison with Gandhi and Mandela in, Lewis R. Gordon et al. (eds.), *Fanon: A Critical Reader*, Blackwell.

Ramonet, Ignacio 2001, Marcos, *La dignité rebelle.* (湯川順夫訳『マルコス――ここは地球の片隅なのか』現代企画室、2002年)。

Ranciére, Jacques 1995, *La Mésentente*, Galilée.

Schmitt, Carl 1922, *Politische Theologie: vier Kapitel zur Lehre von der Souveranitat.* (長尾龍一訳「政治神学」『危機の政治理論』ダイヤモンド社、1973年)。

―― 1932, *Der Begriff des Politischen.* (田中浩、原田武雄訳『政治的なものの概念』未來社、1970年)。

―― 1963, *Theorie Des Partisanen: Zwischenbemerkung zum Begriff des Politischen.* (新田邦夫訳『パルチザンの理論』ちくま学芸文庫、1995年)。

Seale, B.1997, *Seize the Time: The Story of the Black Panther Party and Huey P. Newton*, Black Classic Press.

Singh, Nikhil Pal 1998, The Black Panthers and the "Underdeveloped Country" of the Left, in Charles E. Jones (ed.), *The Black Panther Party [Reconsidered]*, Black Classic Press.

Townsend, Charles 2002, *Terrorism: A Very Short Introduction.* (宮坂直史訳『テロリズム』岩波書店、2003年)。

Tzo-ton, Mao 毛沢東『遊撃戦論』(中公文庫、2002年)。

Virilio, Paul 1978, *Défense populaire et luttes écologiques*, Galilée. (澤里岳史訳「革命的抵抗」『現代思想』第30巻第1号、2002年)。

Virilio, Paul and Lotringer, S. 1997, *Pure War [Revised Edition]*, Semiotext(e).

Virno, Paolo 1994, Miracle, virtuosité et《déjà vu》: trois essais sur l'idée de《monde》, L'éclat.

——2002, Multitude et classe ouvriére, in *Multitudes 9*.（箱田徹訳「マルチチュードと労働者階級——マウリチオ・ラッツアラートからパオロ・ヴィルノへの問い」『現代思想』第31巻第2号、２００３年）。

——2002, *Grammaire de la multitude*, l'éclat & conjunctures.（廣瀬純訳『マルチチュードの文法』月曜社、２００４年）。

Wieviorka, Michel 1993, *The Making of Terrorism*, The University of Chicago Press.

——2003, The New Paradigm of Violence, in Jonathan Friedman (ed.), Globalization, the State, and Violence, Altamira Press.

X, Malcolm and Alex Haley 1964, *The Autobiography of Malcolm X*.（浜本武雄訳『マルコムX自伝』UPLINK／河出書房新社、１９９３年）。

伊藤公雄『光の帝国／迷宮の革命——鏡のなかのイタリア』（青弓社、１９９３年）。

笠原和夫『破滅の美学』（ちくま文庫、２００４年）。

笠原和夫、荒井晴彦、絓秀実『昭和の劇——映画脚本家　笠原和夫』（太田出版、２００２年）。

川村康之（編著）『戦略研究学会編集　戦略論体系②クラウゼヴィッツ』（芙蓉書房出版、２００１年）。

高島喜久男『戦後労働運動私史【第一巻】１９４５—１９４９』（第三書館、１９９１年）。

高見広春『バトル・ロワイアル』（太田出版、１９９９年）。

津村喬『全共闘——持続と転形』（五月社、１９８０年）。

野村修『暴力と反権力の論理』（せりか書房、１９６９年）。

前田哲男『戦争と平和――戦争放棄と常備軍廃止への道』（ほるぷ出版、1993年）。

宮崎学、大谷昭宏『殺人率――日本人は殺人ができない！』（太田出版、2004年）。

向井孝『暴力論ノート――非暴力直接行動とは何か』（「黒」刊行同人、2002年）。

補論　ヘンリー・デイヴィッド・ソローと「市民的不服従」について

ヘンリー・デイヴィッド・ソローはその生涯のうちの一夜を刑務所ですごした。ウォールデンの森での実験生活の最中、一八四六年、夏のことである。なぜだろうか？　そこには戦争がかかわっている。ちょうどその当時、アメリカ合衆国は、いまと同じく、戦争の真っ最中だった。メキシコとの戦争である。

この時期、スペインからの独立をはたしていたメキシコは、いまよりはるかに広大で、現在のテキサス、ニューメキシコ、カリフォルニア、ユタなどにあたる地域を包摂していた。しかし一八四五年、テキサスが米国の手を借りて独立をすると、米国の野心は一気にたかまる。あとはイヤになるぐらいお定まりのコース。あえて貧弱な勢力の軍隊を送りこむ。当然、やられる。大統領はアメリカがメキシコに侵略された、とウソをつく。宣戦布告。あとは、カリフォルニアをはじめ、「口実をつくってはみずからの選んだ土地を思うがまま占領する」（当時のアメリカ軍の大佐の日記より）というわけだ。かくしてメキシコはその土地の五分の二を失った。

さて、ボストンから二〇マイルを隔てたコンコードのヘンリー・ソローに目をむけてみよう。ソローはメキシコ戦争のはじまる以前から、すでに州への人頭税への支払いを拒絶しつづけてきた。マサチューセッツ州が暗黙のうちに支持をしている奴隷制への反対の意志をこめてのことだ。当時ボストンは奴隷制廃止運動の中心地だった。メキシコとの戦争が勃発すると、奴隷制廃止論はメキシコ戦争への反戦運動とも合流する。ひとつにはこの領土拡張のための侵略戦争が、奴隷制の拡張を意味するからだ。ソローは、戦争にも熱心に反対した。かくして、税不払いの罪状で刑務所にぶちこまれたソローは、そこで一夜をすごす。その夜、彼は、まんじりともせずに頭をめぐらせていた。政府に対して個人はどうふるまうべきなのか、について。だんだんある考えがはっきりとしてきた。ソローは翌日、なに者かが彼のかわりに税を支払ったことを知る。かくして、自由の身とあいなったソローは、余計なことをするものだと、いやいやながらコケモモのディナーまでにまにあうべく森へと戻ったのであるが、この獄中でめぐらせた考えはのちに、「市民政府への抵抗（市民的不服従論）」（飯田実訳『市民の反抗　他五篇』岩波文庫）としてまとめられ、マハトマ・ガンディーやマーティン・ルーサー・キングにも影響を与えたし、いまにいたるまで読みつがれるような古典的エッセイとなる。

では、ソローのいう「市民的不服従」とはなんだろうか？　ソローが提起するポイントはこうだ。いまや少数の権力をもったグループが政府を動かして、みずからの利害を促進し、戦争をおこない、奴隷制とも妥協をしている。だがこんなとき、なぜ良心ある人々は非道な制度や殺戮を容認するような政府やその法に従わねばならないのか？　なぜ良心ある人々が、みずからの道徳的判断を行使してはならないのか？　ソローはこう考える。政府が誤りを支持するのなら、政府への支持を撤回し、政府からの要求を拒絶することは市民の義務である、と。ソローは、税の不払いという行動によってその義務をまっとうした。

ソローは徹底して政府や国家への不信を貫いたが、その姿勢が興味深いのは、その一見して反アメリカ的な姿勢が、ある意味で、（原）アメリカ的でもあることだ。ソローのこの考えは、アメリカの独立宣言に織り込まれた原理を徹底させたものである、とも考えられるからだ。アメリカの独立宣言は、政府は人為的な形成物であり、それは人民の利害を促進するために設立される、と記している。つまり国家や政府そしてその法は、つねに物神化されてはならず、民衆の意志によって吟味され、反抗され、いざとなると廃絶されるということだ。新聞なき政府よりは政府なき新聞を選ぶ、といったのは、独立宣言の起草者であり、第三代大統領であるジェファーソンだが、ここには、政府なくしても、民衆の意志は存在しうる、という思想がかいまみえる。

「統治することのもっとも少ない政府こそ最良の政府」というモットーをさらにすすめて「統治することのまったくない政府こそ最良の政府」にまで進めるソローの徹底ぶりは、ほとんどアナーキーですらある。じつのところ、このジェファーソンのモットーには、アメリカン・インディアンの国家なき社会とその精巧なデモクラシーのイメージが強力に影響をおよぼしており（ソローのモットーはもともとジェファーソンがインディアン社会を表現したフレーズなのである）、ソローはそのインディアンのさし示す路線により忠実にひた走るのである。ソローはいう、法は民衆をわずかとも賢くすることはない。むしろ過剰な法の尊重の呼号は、よき人々を日々、不正の代理人に仕立ててあげてしまう、と。法は戦争や奴隷制度のような不正に奉仕するとき、市民の義務として破られねばならない。ソローは選挙制度も信用していない。人は「正当」だと考えるものに投票する。しかし、投票は、その「正当」性を放り投げてしまうことであり、ひいては「正当」性のためにはなにもしないということすら意味する。賢い人は「正当」性を偶然にゆだねたりしないし、「多数派」の手によって「正当」であることが実現すると期待したりはしないのだ。こうしてソローの思想は「直接行動」の思想にむすびつく。正義（justice）のための市民の行動によって支えられないかぎり、政府は道徳的空虚なままである、というわけなのだ。

このソローの発想は、議会制の物神化の拒絶と同時に「多数派」のそれの拒絶でもある。民主主義とは選挙のことなり、選挙での多数派のことなり、だからあとは文句をいうな、こう日本でもよくおもいこまれている。しかし、選挙とは民主主義の基盤をなす多様な実践のごく一部にすぎないのであり、それに過大な重要性を与えるとき、それどころか唯一の民主主義の制度であると誤解されるとき、「多数派」という幻想に個々人がふりまわされる結果になる。ソローはこれを拒絶したのである。この延長でもうひとつ加えておこう。ソローは、「国民（nation）」も信用していなかった。「国民！　いったい国民とはなんだ？　それは昆虫のように膨張する。歴史家たちはむなしく格闘しながら、それをあたかも重大なものであるかのように仕立てている」。

ソローがどこか「アナーキー」といえるにしても、それについての初歩的な誤解をさけたうえでのことだ。アナーキーとはたんなる「混沌」のことではない。アナーキーであるとは、一見、分子のランダムで自由なふるまいが開放的でダイナミックな秩序を形成するという状態である。そしてアナキズムとは、政府や国家、国民といった制度によって上から抑えつけられなくても人々は自由を活用することで自発的に秩序を形成できる、という信念のことだ。じつのところ、インディアンのイメージをそのうちに共鳴させているアメリカ独立宣言にみられるように近代民主主義は、いつもこのアナキズム的要素を内包させているのであり、国家はこの要素を最小限に押しとどめようと、恐怖や不安、そして憎悪を煽ることで、みずからのうちにあって歯向かってくる諸分子、しかしみずからが必然的に生みだしてしまう世界中の無数のヘンリー・ソローと格闘するのである。

ヘンリー・ソローは世俗的な思想家である。『森の生活』のソローのイメージは仙人のような彼のイメージをもたらしているが、そもそも「隠遁」ほど彼に似つかわしくない態度はないのではないか。コンコードの彼の小屋も、人里離れた森の中、というよりは、人がすぐにたずねていけるような街に近い場所にあった。ソローにとって、森で生活するということは、惰性や混乱したままわたしたちをからみとっているいまの関係性から撤退することである。ソローの思想のひとつのカギは隠遁ではなく撤退だろう。まさに「国家の姿などどこにも見えない場所」への撤退。政府からの、法からの、金銭からの、そして「常識」からの撤退。そしてその撤退した場所は、優雅にして苛烈な、個人と共同体の、個人と自然の、そして個人と政府の、関係性のむすび直しの実験場になるのである。

あとがき

この本はほぼ書き下ろしによっているが、以下の既出テキストはそれぞれ第一部第三章、第二部第二章の一部に活用した。

「ニーチェの仮面をかぶるフーコー」『文藝別冊・総特集　だれにでもわかるニーチェ』二〇〇〇年一二月　河出書房新社

「攻撃ではなく防衛」『現代思想』第三一巻　第三号　二〇〇三年　青土社

もっと軽くコンパクトにつくるはずがグズグズで膨らみつづけ時間的にも遅れに遅れたにもかかわらず、編集の阿部晴政さんには示唆や励ましを受けつづけた。あちこちよそ見したりしながらも、なんとかここまでたどりつくことができたのはそのおかげである。この場を借りて感謝したい。

このテキストが書かれたのは、イラク戦争とそれに対する反戦運動の動きと並行しながらのことだ。そんな動きのなかで浮上してきたさまざまな問題、出会った人たち、交わされた議論がここには大きく映し込まれている。暴力という途方もなく巨大な問題にわずかに触れただけに終わってしまったが、それがなければとりかかることすらできなかったろう。

長い時間をかけて一つ一つ積み上げられてきた（ガタはきてたが立ってはいた）建築物がわずかな時間で猛烈な力に吹き飛ばされていくような、憂鬱になる一方の状況だけれども、ともかくこっちもそのへんの瓦礫を集めて組み立てなおし、というところだろうか。今度はどんな建物になるかわからないけれども、ともかく。

酒井隆史

二〇一六年版あとがき

本書の公刊は二〇〇四年である。十年近くたって、再刊にあたって見直したが、大筋において変更を加えるべき点はみあたらなかった。今回、文庫化にあたって、本書オリジナル版公刊直後にある雑誌（『STUDIO VOICE』二〇〇五年二月号）に書いたヘンリー・デイヴィッド・ソローについてのみじかいテキストを補論として追加した。ガンディーやキングの思想的源泉のひとつとして参考にしていただければ幸いである。

もちろん、あとでふれるように、本書はとりわけ二〇〇一年九月一一日の「同時多発テロ」以降の文脈を負っていることもあり、あげられている事例がふるかったりあげられている状況に多少の変容があったりもするが——筆者自身、読み返してなんのことかさっぱり思いだせない事例もあるのだが——、それには手をつけていない。現在の状況は、ここであげた個々の事例の含意するものの延長上にあるか、あるいは、それをさらに深刻化させた地点にあるとおもわれるからだ。ただし、説明不足であったり展開不足であったりするように感じられるところには、かなり手を入れている。とくに、「反暴力」については、本書公刊後、よく質問をいただいた箇所でもあり、みずからも堂々めぐりにおちいっていた感もあったため、大幅に加筆している。そのような補足の機会を与えていただいたという意味で、今回の文庫での再刊はありがたいものであった。

そういうわけなので、稿をあらためて補足するような点はない。とはいえ、たとえば、あらためて読み返していて感じたのだが、最後の最後になって厄介な問題をあたらしく導入してしまった感もいなめない。もうすこしなんとかしたかったのだが、これ以上、手を加えるには、あらためてべつの章立てか、べつの本を用意しなければならなくなるだろう。そのような点については、ある程度の補足を加えただけであきらめた。

したがってここでは、内容についてではなく、オリジナル版のさいにはあまりふれなかった本書の直接的文脈（より長い範囲の間接的文脈もあるがここでは言及しない）について二点かんたんに述べておきたいとおもう。

ひとつめは、オリジナル版のあとがきにもふれているように「同時多発テロ」と、その後の動向、とりわけ二〇〇三年からのアメリカと多国籍軍によるイラクの攻撃に対する反対運動である。世界中で大規模な反戦運動がまき起こり、日本でも例外ではなかった。その抗議行動の模索のなかで、たとえばデモないし直接行動とその意味をめぐってさまざまな議論がおきた。いまでは「サウンドデモ」という呼称が定着し、ある程度、街頭に根をおろしたデモのスタイルにおいても、それが試行されていく舞台裏では、さまざまな場で、ときには激しい議論が交わされた。本書のいくつかのテーマ、とりわけ第一部を構成する非暴力をめぐるテーマは、直接にはそのような対話の磁場から派生している。

もうひとつの文脈は、もう少し長い。一九九〇年代のとくに後半から、駅、大学（たとえば学生寮や地下部室）や公園などの空間や場所のあり方をめぐる抵抗や運動が目立ってきた。そこには、本文で述べたような、階級的な分極化という現代資本主義の文脈と、その文脈上で展開している公共領域の私営化や都市空間の管理監視の強化といった背景をもっている。そんな支配的趨勢の前線で必然的に生じる排除やそれに対する対抗という場面に遭遇したり、あるいは端的に渦中にあったりすることが目立って増えてきたのである。それらの攻防のうちにはある特徴がみられた。排除が強制的に行使されるとして、その抵抗の拠点を同時にひとつの創造的な共同空間にするというものである。たとえば、顕著な例をひとつあげれば、公園から野宿者のテントが排除されるときに、当事者と活動家がその排除の物理的状況をふくみながら演劇空間に変貌させるなどの試みである。こうした試みは歴史上さまざまな場面であらわれたに違いない。しかし、現代にいたるまでのこの傾向は、筆者の知るかぎりでは独特の短期の系譜をもっている。いずれにしても、このような過程にしばしば立ち会うことになった経験やそこで交わされた議論や会話は、やはり、あれこれと考えをうながす契機となった。こうした過程は、本書のとくに第二部には反響している。

ところで、筆者は本書公刊の半年後ぐらいにニューヨークに滞在することができた。九・一一の余燼さめやらぬというおもむきもあり、厳重な管理、監視による重い空気は、ブッシュの再選によってさらに冷え切っているようにもみえたが、そんななかで、ワシントンDCでのブッシュ大統領就任式に対する大規模な抗議行動が計画されていることを知った。会議の段階から参加してみると、そこでくりひろげられていたのは、ふり返ってみれば、一九九八年のシアトルからはじまり二〇一一年にはオキュパイ運動において「ジェネラル・アッセンブリー」というかたちで知られるようになる行動形態の一端であった。つまり、古参の反戦運動団体の代表から、数週間前に結成したばかりという感じの大学生の少人数のグループの代表までが教会に一堂に会し、長い時間をかけて合意を模索し、たがいの戦術を――対決的なものであれより穏健なものであれ、あるいはパフォーマティヴなものであれ、各々もっとも効果的に発揮できるように――組み合わせていく方法である。「戦術の多様性」といわれる原則がこれだ。じっさいにワシントンDCでは、ダイインするグループや、即興の風刺劇をおこなうグループ、なかには国旗を燃やす若者の覆面グループもあったし、抗議行動に抗議するグループなどの多様な戦術がみられたが、武装した治安部隊との緊張する場面では、たちまち「これがデモクラシーだ（this is what democracy looks like）」というやりとりがわき起こった。このスローガンは次のスローガンとしばしば対になっている。「だれのストリートだ？　わたしたちのだ（who's street? ours!）」。つまり、反グローバリゼーションないし反資本主義運動の文脈で頻繁に使用されるこれらのスローガンは、街頭の強まる治安管理に抵抗するとともに、統一や規律に対する戦術の多様性、旗の多様性、そしてそれらの生成の母胎であるアッセンブリーに象徴されるような――議会という代表機関に集約される「現存デモクラシー」とは根源的に異なる――じぶんたちの組織方法そのものを「現存デモクラシー」のオルタナティヴとして提示するものであった。まさに、その光景は、この本の二つの文脈と共鳴しているようにもみえたのである。

このような傾向はやがて、あえて「要求を提示しない」――無数の要求を氾濫させるままにして突きつける――ことで「現存デモクラシー」を総体として拒絶するという指向性をもったオキュパイ運動へと結実していくが、それにとどまらず既存システムの全般的危機の深さの表現は、この間のいくつかの「沈黙せる」都市暴動や、それ以外のさまざまな世界の事象にみてとれる。たとえば、イスラム国（ＩＳ）という――まさに「テロとの戦争」の「失敗」の結晶である――おそるべきテロル機械と、トルコ、シリアなどの国民国家の凄まじい暴力に包囲されながら、国境を横断して自律空間の構築を模索しているクルド自治区である。国家の廃絶と地域コミュニティの連合、エスニシティや性別といった属性による差別からの解放、代表制とは異なるデモクラシーの発展などといった指向性をもつクルド自治区のひらいた実践と思想の実験的空間は、それこそ現代における暴力、反暴力、非暴力の趨勢をリミットにおいて表現しているようにみえる。

総じてこの一〇年は、資本制と「現存デモクラシー」が、多少の修復ではすまないほどの危機的状況にあることが多くのひとの眼にあきらかになった一〇年だったといえよう。二〇〇八年の金融危機をへて、「国家とは資本家の階級支配のための機関である」という、マルクス主義のなかでも粗野な部類の国家論がじつは正しかった、と皮肉に語られるようになったが、危機のひらく深淵が深ければ深いほど、たとえみせかけであれ合意の調達はむずかしくなり、暴力の行使は露骨になっていく。あるいは、その亀裂を排外主義や人種差別で埋めるよう――そのさい多くの暴力行使は「民間」に委譲される――あれこれの装置が作動する。いまや世界は、場所を問わず、統治の行使において暴力を周縁に追放したり隠蔽したりすることがむずかしくなっている。そのような深刻な危機は、実新世から「アントロポセン（人新世）」への移行という地球史的変動――原発事故もこの長期的趨勢のうちで考える必要がある――とからみあいながら、世界を濃密な破局の色で染めつつある。資本制が危機を克服する道をみいだせないとき、歴史は戦争の時代がくることを教えている。いや、危機とともに戦争の時代はすでにはじまっている。われわれは、できあいの解決のない問いへの応答を、生存をかけて模索する時代に入ったのである。

解説

マニュエル・ヤン

本書をはじめて読んだのは、著者と会って間もない二〇一〇年末から二〇一一年にかけての頃だったのではないだろうか。二〇一〇年一一月に横浜で行われた反ＡＰＥＣ（アジア太平洋経済協力）デモに飛び込みで加わり、参加者の少なさと警察による過剰なデモ規制に愕然としてから半年と経たないうちに、反原発運動が高円寺での四月一〇日「原発やめろ」デモを口火に全国中にひろがった時期だ。三・一一の東日本大震災／福島第一原子力発電所事故からちょうど一ヶ月後に行われた後者の抗議行動にわたしは立ち会うことができなかったが、そこに居合わせた友人たちはみな口をそろえて、規制に縛られた最近の日本のデモ行動とは質的に異なる著しい変化を体験したと証言している。一時的にせよ路上を自然発生的な解放区に変え、あまりにも多い参加者の数に警察は圧倒されなすすべがなかったという。『暴力の哲学』を「いわゆる暴力論の教科書」と呼んだ栗原康は、今年出版された『現代暴力論』のなかでその光景をいきいきと描写している。

デモもめちゃくちゃ解放感があった。ふだんデモというと、警官隊にびっしりはさまれていて、やれ三列をまもってあるけとか、はやくあるけとか命令されるのだが、この日はいかんせん人数のわりに警官がすくない。もうやりたいほうだいだ。みんな道路いっぱいにひろがってみたり、わざとゆっくりあるき、すきまがあいたらダッシュして、うぉぉーと気勢をあげてみたりしている。ところどころ日の丸をかかげた右翼みたいな人たちもいるのだが、いかつい坊主の兄ちゃんが、バカでかい黒旗でそいつらをバシバシとたたき、日の丸をひっこめさせたりしている。たのしい。なにより、わたしはみんながおなじようなことを考えていた気がしてうれしかった。

こうした当時の解放感は決して日本特有のものではなく、同時代的に連動していた。アラブの春、セネガルのヒップホップ・グループやジャーナリストが展開したヤナマール運動、プエルタ・デル・ソル広場に集結したスペインの15M運動、ギリシャ全土を揺るがしたゼネスト及びシンタグマ広場で民衆会議を組織した「怒れる市民運動」、ニューヨークのズコッティ・パークからアメリカ全土に飛び火した「ウォール街を占拠せよ」運動。民衆の世界的蜂起がめまぐるしくわき起こり、歴史が一瞬加速化するように見えたあの時期にこの「暴力の教科書」を読むことは、こうした一見自発的な運動の見えない地層に本質的な議論や経験の遺伝子が常にひしめきあっていることを思い出させてくれた。そういった意味では、本書は暴力に関する定理や法則を読者に説きふせる「教科書」ではない。むしろ、そのような「教科書」が存在しえないことを、暴力を単純な善悪のものさしで計ることが硬直した教条的思考や抑圧的権力のイデオロギーになりかねないことを緊迫感ある語り口で示している。したがって、これは暴力が何であるかを一方的に教えこむ啓蒙書ではなく、いやおうなしに読者を議論に巻き込む挑発的な「反教科書」だ。

「暴力」そのものを定義することが語源的にも政治的にも難しいことを著者は冒頭で説明している。その理由は、マルクスが『資本論』で述べたように「暴力は、古い社会が新たな社会をはらんだときにはいつでもその助産婦になる」[1]と同時に、「新たな社会」が生まれないで流産するように促すのも暴力だからだ。ある政治的局面で「非暴力」は民衆の意志や自由を否定する独善的倫理主義になりうるし、国家や資本が独占する暴力に譲歩する権威主義になったりもする。その反面、「暴力」に至らない闘争はすべて未熟で体制を温存する妥協にしか過ぎないという言説は運動に分断を引き起こし、社会変革の大義に潜在的共感を抱いている人たちを遠ざけてしまうこともある。「革命」つまり社会の全的変質を志向する社会運動がもり上がり、敗北の危機に直面すると、後者のような「暴力」を物神化する考え方があらわれてくる。

しかし、現代日本やアメリカの運動において異なった形で支配的なのは「非暴力」の物神化の方だ。二〇一一年六月に再び日本を訪れ三ヶ月間滞在した際、東京の反原発デモ参加者の人数が多いことに深く印象づけられたが、栗原がいうような「解放感」は味わえなかった。警察はデモ隊を整理しやすいよう細かく分断しその間に大きな間隙をつくり、長時間待ちぼうけをくわせ、予《あらかじ》め設定されたコースにそって従順に歩くよう規制し始めていた。戦争法案に反対する今年（二〇一五年）の国会前デモにおいてこうした規制はますます強化され、主催者と警察が一心同体になってデモ隊による路上占拠はもちろんのことビラを配ることさえも禁じた。法律をすすんで破り逮捕されることで支配権力の本質的不正をあらわにする「市民的不服従」の伝統が定着しなかった日本では、「非暴力」の理念はこのように抗議の様式を締めつけ、抑圧的でさえある効果をしばしばもつ。

他方、とりわけアフリカ系アメリカ人の公民権運動以来、「市民的不服従」がプロテストの作風として保守から革新にわたる草の根運動で活用されてきたアメリカでは、その戦略的意義を顧みない道徳的心情を満たすだけの行為になることがある。ベトナム戦争のとき徴兵令状を公の場で燃やし指名手配されたカトリック神父のダニエルとフィリップ・ベリガン兄弟は牢獄生活を長年送った。二〇〇二年に亡くなるまでに、フィリップは平和活動家として核弾頭をハンマーで叩き兵器関連資料に血をまき散らし、貧困に抗議するために公然と万引きを行い、幾度も逮捕され、合計約一一年間を獄中で過ごし、非暴力社会運動の英雄として尊敬され続けている。だが、個人的良心のもとで無条件に行使するこうした「市民的不服従」は重要な活動家を運動の現場から取り去る結果を生んでしまう。

酒井が指摘するようにキング牧師の非暴力戦術が効力を持ちえたのは、運動全体の目的を常に意識するなかで当局との敵対性を慎重に維持したからである。さらにつけ加えるなら、SNCC（学生非暴力活動調整委員会）の若い草の根活動家たちが大胆な直接行動をキングが取るよう絶え間ないプレッシャーをかけ続け、その行動が集団的に組織されたからだ。一九〇九年、ワシントン州スポケーンやモンタナ州ミズーラで収監できないぐらい大勢の世界産業労働組合員を刑務所に送り込み釈放を余儀なくさせたフリースピーチ闘争にしろ、半世紀あとにSNCCやキングとともにアメリカ南部の人種差別制度撤廃に向けてその戦術を再現したフリーダム・ライダーズにしろ、量的変化が質的転化になりうるのは不正なシステムの力点に標的を絞るときだという戦略的思考を心得ていた。

『暴力の哲学』はこうした戦略的思考を身につける端緒をひらいてくれる格好の入門書だ。マルコムX、ファノン、フロイト、フーコー、アーレント、クラウゼヴィッツ、シユミット、ヴィルノの見識を縦横無尽に紐解き、おもに海外の事例と映画を参照し巧みに分析する酒井のテキストには『バトル・ロワイアル』や『仁義なき戦い』といった邦画や向井孝の本質的な『暴力論ノート』をのぞき、日本の状況に関する考察がほとんどないことをある読者は不思議がるかもしれない。「このテキストが書かれたのは、イラク戦争とそれに反戦運動の動きと並行しながらのことだ。そんな動きのなかで浮上してきたさまざまな問題、出会った人たち、交わされ議論がここには大きく映し込まれている」と著者自身が述懐しているので、なおさらそうだ。概念の普遍性を追求する姿勢と、運動へのある種の遠慮がそこに働いているのかもしれない。同時に、鎖国的回路に陥りがちな日本における思想、言説、現状認識を相対化し変革しようとするしたたかな意志が息づいていることも確かだ。世界各地で繰り広げられてきたありとあらゆる議論や運動と渡り合える戦闘的知性を培うには、単に政治活動に身を投じ知識を蓄積するだけでは不十分である。自身の経験や知識の限界を、世界の隅々に積み重ねられてきた知識や民衆の歴史的経験にさらして乗り越えていかねばならない。

四〇日間、イエスはひとりで荒野にとどまり、サタンがふりかざす既成概念の試みを退け、真の解放と自由が何であるかをつきつめた。『暴力の哲学』はそのような荒野にわたしたちを導き出し、「デモは社会を変える」「非暴力行動／武装蜂起が最良の政治的手段だ」といった安易で怠惰な政治スローガンに足をすくわれないように、戦闘的知性を育むハード・トレーニングの扉を開けてくれる。

（歴史学）

1 『マルクス＝エンゲルス全集 第23巻b』大内兵衛・細川嘉六監訳、岡本次郎訳（大月書店、一九六五年）七七九頁。

本書は二〇〇四年に河出書房新社より刊行された単行本を大幅改訂の上、増補したものです。

暴力《ぼうりょく》の哲学《てつがく》

二〇一六年 一 月二〇日 初版発行
二〇二五年 四 月三〇日 4刷発行

著 者 酒井隆史《さかいたかし》

発行者 小野寺優
発行所 株式会社河出書房新社
〒一六二－八五四四
東京都新宿区東五軒町二－一三
電話〇三－三四〇四－八六一一（編集）
〇三－三四〇四－一二〇一（営業）
https://www.kawade.co.jp/

ロゴ・表紙デザイン 粟津潔
本文フォーマット 佐々木暁
本文組版 株式会社キャップス
印刷・製本 大日本印刷株式会社

Printed in Japan ISBN978-4-309-41431-7

アーティスト症候群 アートと職人、クリエイターと芸能人
大野左紀子 41094-4

なぜ人はアーティストを目指すのか。なぜ誇らしげに名乗るのか。美術、芸能、美容……様々な業界で増殖する「アーティスト」への違和感を探る。自己実現とプロの差とは？　最新事情を増補。

憂鬱と官能を教えた学校 上 【バークリー・メソッド】によって俯瞰される20世紀商業音楽史 調律、調性および旋律・和声
菊地成孔／大谷能生 41016-6

二十世紀中盤、ポピュラー音楽家たちに普及した音楽理論「バークリー・メソッド」とは何か。音楽家兼批評家＝菊地成孔＋大谷能生が刺激的な講義を展開。上巻はメロディとコード進行に迫る。

憂鬱と官能を教えた学校 下 【バークリー・メソッド】によって俯瞰される20世紀商業音楽史 旋律・和声および律動
菊地成孔／大谷能生 41017-3

音楽家兼批評家＝菊地成孔＋大谷能生が、世界で最もメジャーな音楽理論を鋭く論じたベストセラー。下巻はリズム構造にメスが入る！　文庫版補講対談も収録。音楽理論の新たなる古典が誕生！

心理学化する社会 癒したいのは「トラウマ」か「脳」か
斎藤環 40942-9

あらゆる社会現象が心理学・精神医学の言葉で説明される「社会の心理学化」。精神科臨床のみならず、大衆文化から事件報道に至るまで、同時多発的に生じたこの潮流の深層に潜む時代精神を鮮やかに分析。

世界一やさしい精神科の本
斎藤環／山登敬之 41287-0

ひきこもり、発達障害、トラウマ、拒食症、うつ……心のケアの第一歩に、悩み相談の手引きに、そしてなにより、自分自身を知るために——。一家に一冊、はじめての「使える精神医学」。

社会は情報化の夢を見る ［新世紀版］ノイマンの夢・近代の欲望
佐藤俊樹 41039-5

新しい情報技術が社会を変える！　——私たちはそう語り続けてきたが、本当に社会は変わったのか？　「情報化社会」の正体を、社会のしくみごと解明してみせる快著。大幅増補。

定本　夜戦と永遠　上

佐々木中　41087-6

『切りとれ、あの祈る手を』で思想・文学界を席巻した佐々木中の第一作にして主著。重厚な原点準拠に支えられ、強靭な論理が流麗な文体で舞う。恐れなき闘争の思想が、かくて蘇生を果たす。

定本　夜戦と永遠　下

佐々木中　41088-3

俊傑・佐々木中の第一作にして哲学的マニフェスト。厳密な理路が突き進められる下巻には、単行本未収録の新論考が付され、遂に定本となる。絶えざる「真理への勇気」の驚嘆すべき新生。

思想をつむぐ人たち　鶴見俊輔コレクション1

鶴見俊輔　黒川創〔編〕　41174-3

みずみずしい文章でつづられてきた数々の伝記作品から、鶴見の哲学の系譜を軸に選びあげたコレクション。オーウェルから花田清輝、ミヤコ蝶々、そしてホワイトヘッドまで。解題＝黒川創、解説＝坪内祐三

身ぶりとしての抵抗　鶴見俊輔コレクション2

鶴見俊輔　黒川創〔編〕　41180-4

戦争、ハンセン病の人びととの交流、ベ平連、朝鮮人・韓国人との共生……。鶴見の社会行動・市民運動への参加を貫く思想を読み解くエッセイをまとめた初めての文庫オリジナルコレクション。

道徳は復讐である　ニーチェのルサンチマンの哲学

永井均　40992-4

ニーチェが「道徳上の奴隷一揆」と呼んだルサンチマンとは何か？　それは道徳的に「復讐」を行う装置である。人気哲学者が、通俗的ニーチェ解釈を覆し、その真の価値を明らかにする！

なぜ人を殺してはいけないのか？

永井均／小泉義之　40998-6

十四歳の中学生に「なぜ人を殺してはいけないの」と聞かれたら、何と答えますか？　日本を代表する二人の哲学者がこの難問に挑んで徹底討議。対話と論考で火花を散らす。文庫版のための書き下ろし原稿収録。

イコノソフィア

中沢新一　40250-5

聖なる絵画に秘められた叡智を、表面にはりめぐらされた物語的、記号論的な殻を破って探求する、美術史とも宗教学とも人類学ともちがう方法によるイコンの解読。聖像破壊の現代に甦る愛と叡智のスタイル。

後悔と自責の哲学

中島義道　40959-7

「あの時、なぜこうしなかったのだろう」「なぜ私ではなく、あの人が？」誰もが日々かみしめる苦い感情から、運命、偶然などの切実な主題、そして世界と人間のありかたを考えて、哲学の初心にせまる名著。

科学以前の心

中谷宇吉郎　福岡伸一〔編〕　41212-2

雪の科学者にして名随筆家・中谷宇吉郎のエッセイを生物学者・福岡伸一氏が集成。雪に日食、温泉と料理、映画や古寺名刹、原子力やコンピュータ。精密な知性とみずみずしい感性が織りなす珠玉の二十五篇。

集中講義 これが哲学！　いまを生き抜く思考のレッスン

西研　41048-7

「どう生きたらよいのか」――先の見えない時代、いまこそ哲学にできることがある！　単に知識を得るだけでなく、一人ひとりが哲学するやり方とセンスを磨ける、日常を生き抜くための哲学入門講義。

軋む社会　教育・仕事・若者の現在

本田由紀　41090-6

希望を持てないこの社会の重荷を、未来を支える若者が背負う必要などあるのか。この危機と失意を前にし、社会を進展させていく具体策とは何か。増補として「シューカツ」を問う論考を追加。

内臓とこころ

三木成夫　41205-4

「こころ」とは、内蔵された宇宙のリズムである……子供の発育過程から、人間に「こころ」が形成されるまでを解明した解剖学者の伝説的名著。育児・教育・医療の意味を根源から問い直す。

生命とリズム

三木成夫　41262-7

「イッキ飲み」や「朝寝坊」への宇宙レベルのアプローチから「生命形態学」の原点、感動的な講演まで、エッセイ、論文、講演を収録。「三木生命学」のエッセンス最後の書。

「科学者の楽園」をつくった男

宮田親平　41294-8

所長大河内正敏の型破りな采配のもと、仁科芳雄、朝永振一郎、寺田寅彦ら傑出した才能が集い、「科学者の自由な楽園」と呼ばれた理化学研究所。その栄光と苦難の道のりを描き上げる傑作ノンフィクション。

森の思想

南方熊楠　中沢新一〔編〕　42065-3

熊楠の生と思想を育んだ「森」の全貌を、神社合祀反対意見や南方二書、さらには植物学関連書簡や各種の論文、ヴィジュアル資料などで再構成する。本書に表明された思想こそまさに来たるべき自然哲学の核である。

宇宙と人間　七つのなぞ

湯川秀樹　41280-1

宇宙、生命、物質、人間の心などに関する「なぞ」は古来、人々を惹きつけてやまない。本書は日本初のノーベル賞物理学者である著者が、人類の壮大なテーマを平易に語る。科学への真摯な情熱が伝わる名著。

科学を生きる

湯川秀樹　池内了〔編〕　41372-3

“物理学界の詩人”とうたわれ、平易な言葉で自然の姿から現代物理学の物質観までを詩情豊かに綴った湯川秀樹。「詩と科学」「思考とイメージ」など文人の素質にあふれた魅力を堪能できる28篇を収録。

日本人の死生観

吉野裕子　41358-7

古代日本人は木や山を蛇に見立てて神とした。生誕は蛇から人への変身であり、死は人から蛇への変身であった……神道の底流をなす蛇信仰の核心に迫り、日本の神イメージを一変させる吉野民俗学の代表作！

神の裁きと訣別するため

アントナン・アルトー　宇野邦一／鈴木創士〔訳〕 46275-2

「器官なき身体」をうたうアルトー最後の、そして究極の叫びである表題作、自身の試練のすべてを賭けて「ゴッホは狂人ではなかった」と論じる三十五年目の新訳による「ヴァン・ゴッホ」。激烈な思考を凝縮した二篇。

人間の測りまちがい 上・下　差別の科学史

S・J・グールド　鈴木善次／森脇靖子〔訳〕 46305-6 46306-3

人種、階級、性別などによる社会的差別を自然の反映とみなす「生物学的決定論」の論拠を、歴史的展望をふまえつつ全面的に批判したグールド渾身の力作。

ドゥルーズ・コレクション Ⅰ　哲学

ジル・ドゥルーズ　宇野邦一〔監修〕 46409-1

ドゥルーズ没後20年を期してその思考集成『無人島』『狂人の二つの体制』から重要テクストをテーマ別に編んだアンソロジー刊行開始。1には思考の軌跡と哲学をめぐる論考・エッセイを収録。

哲学の教科書　ドゥルーズ初期

ジル・ドゥルーズ〔編著〕　加賀野井秀一〔訳注〕 46347-6

高校教師だったドゥルーズが編んだ教科書『本能と制度』と、処女作「キリストからブルジョワジーへ」。これら幻の名著を詳細な訳注によって解説し、ドゥルーズの原点を明らかにする。

喜ばしき知恵

フリードリヒ・ニーチェ　村井則夫〔訳〕 46379-7

ニーチェの最も美しく、最も重要な著書が冷徹にして流麗な日本語によってよみがえる。「神は死んだ」と宣言しつつ永遠回帰の思想をはじめてあきらかにしたニーチェ哲学の中核をなす大いなる肯定の書。

服従の心理

スタンレー・ミルグラム　山形浩生〔訳〕 46369-8

権威が命令すれば、人は殺人さえ行うのか？　人間の隠された本性を科学的に実証し、世界を震撼させた通称〈アイヒマン実験〉――その衝撃の実験報告。心理学史上に輝く名著の新訳決定版。